U0479712

瓷器中国

陈克伦
著

PORCELAIN
THE STORY OF
CHINA

瓷器中国

上海书画出版社

PORCELAIN
THE STORY OF CHINA

序

陈克伦同志长期工作于上海博物馆，而上海博物馆是驰名海内外的重要博物馆之一，馆藏丰富，人才济济，领导多为专家学者兼任，做事果断，富有魄力，其专题展览往往引领全国博物馆风气之先。

克伦同志在负责博物馆业务的繁忙工作之余，写就近十万字的《瓷器中国》一书，深入浅出，观点新颖，画龙点睛，可谓广大爱好陶瓷的朋友们的福音。书中娓娓道来灿烂悠久的中国文化，尤其是传承发展了数千年的中国瓷器。

中国是世界上最早烧造瓷器的国家，可谓瓷器的故乡，据最新的考古发现，瓷器应肇始于距今3000年或更早的商前。对于"原始青瓷"的定名，笔者曾是亲历者与见证者。

1971年初，在故宫博物院的慈宁宫举办了出土文物展览，反响强烈。不久，欧美诸国及日本等政府都提出希望能邀请到这一展览。由此，国家文物局组建了《中华人民共和国出土文物展览》筹备组，并调集全国的文物珍品，在故宫博物院武英殿审核和预展。

在观看展品时，曾担任过法国驻华使馆文化参赞的专家埃利塞夫对于河南商城出土的一件商代青釉大口尊提出了异议，认为此件定名不应是瓷器，而是陶器。他认为瓷器应是瓷土制作，具有透明度，并且不吸水，而此件大尊还没有达到这个水平。但中方当时在场的专家北京大学的宿白先生、中国历史博物馆的史树青先生、南开大学的龚老师与笔者等都认为此件应是最早的瓷器，因为其已具备了瓷器的基本要素。而在这之前，主持发掘郑州商城的河南省考古所的专家安金槐先生，一直坚定地认为这就是最早的瓷器。现场争执不下,郭沫若先生想出一个新概念:"可不可以说这是原始瓷呢?"法国专家埃利塞夫与中国专家们都认可了这一新概念。此后,原始青瓷的名称确定了下来,并沿用至今。随着近些年浙江省德清原始青瓷窑址的不断发现,大量与青铜器同样造型纹饰的商周青瓷出土,据其成熟的工艺,笔者认为,可否在适当的时间,经同仁们研究讨论,将原始青瓷的原始二字去除,确认中国真正瓷器3000年的历史呢?

是以为序。

目　录

序　　耿宝昌

导言　001

第一章　历史悠久的青瓷

一、青瓷的史祖——原始瓷　005

二、瓷器的诞生——东汉浙江青瓷　007

三、青瓷的一统天下——南方六朝青瓷　008

四、南方青瓷的骄傲——越窑青瓷与秘色瓷　012

五、北方青瓷的明珠——耀州窑青瓷　019

六、瓷器中的珍品

　　——汝窑、官窑、张公巷窑、哥窑瓷器及明清仿品　022

七、归属青瓷的特殊品种——钧窑与仿钧瓷器　036

八、南方青瓷的重新崛起——龙泉窑青瓷与景德镇仿龙泉　043

九、被誉为"假玉器"的青白瓷　051

第二章　如雪似冰的白瓷

一、白瓷的滥觞——北朝、隋代白瓷　063

二、统领唐代瓷业半壁江山——邢窑白瓷　063

三、宋代白瓷之冠——定窑白瓷　068

四、元代的官用白瓷——景德镇枢府卵白釉瓷器　073

五、举世无双的白瓷——永乐甜白瓷　076

六、被誉为"鹅绒白"的德化白瓷　078

第三章　深邃俊美的黑瓷

一、黑瓷的起源——汉代黑瓷　083

二、六朝黑瓷的代表——德清窑黑瓷　084

三、古朴别致的黑瓷——黑釉加彩瓷器　084

四、宋代"斗茶"习俗与"天目"黑釉茶盏　089

第四章　纯正鲜丽的高温颜色釉瓷器

一、变化无穷的红釉瓷器　095

二、深沉鲜亮的蓝釉瓷器　100

三、独特的结晶釉——茶叶末釉瓷器　105

第五章　多姿多彩的低温颜色釉瓷器

一、娇嫩鲜艳的黄釉瓷器　　111

二、翠绿透亮的孔雀绿釉瓷器　　114

三、碧绿纯正的绿釉瓷器　　116

四、矾红与金红　　120

五、法华　　122

六、金釉　　122

七、仿工艺釉瓷器　　122

第六章　幽雅清新的釉下彩瓷器

一、石破惊天的发现——三国青釉褐彩瓷器　　131

二、领风气之先的长沙窑瓷器　　132

三、民风醇郁的磁州窑瓷器　　135

四、幽菁脱俗的青花瓷器　　138

五、鲜亮纯正的釉里红瓷器　　188

第七章　缤纷灿烂的釉上彩瓷器

一、釉上彩瓷的先声——宋代红绿彩瓷器　205

二、罕见的卵白釉加彩瓷器　205

三、高雅妩媚的斗彩瓷器　207

四、凝厚艳丽的五彩瓷器　212

五、素雅恬静的素三彩瓷器　215

六、雍容华贵的珐琅彩瓷器　219

七、典雅柔丽的粉彩瓷器　223

八、洋彩瓷器　228

第八章　瓷器与文人雅趣　231

第九章　海上陶瓷之路　239

尾声　255

导言

　　中国是世界四大文明古国之一，具有广袤的土地、丰富的物产、悠久的历史和灿烂的文化。几千年来，中国人民辛勤劳作，不断探索，创造出一个又一个奇迹。造纸术、印刷术、指南针、火药的出现和传播，促进了物质文化史的大发展，推动了人类文明的飞跃。沐浴在四大文明光环中的人们不应该忘记另一项中华民族的伟大创造，这就是和我们生活息息相关、融实用与审美于一体、工艺和艺术相结合的奇葩——瓷器。它是水、火、土的完美结合，是人类想象力和创造力的最好体现，是自然与人文交汇的结晶，是历代工匠利用和驾驭自然力的产物。瓷器凝结了我们祖先的智慧与心血，满足了社会生活的需要，积聚了时代与民族的精华，成为中国乃至世界科技、工艺、文化史上的一项伟大发明，成为外国语汇里中国的代名词。瓷器吸收了其他工艺的成就，根据自身特点加以融会贯通，将"形""意"之美发挥得淋漓尽致。三千年来精彩纷呈，一路辉煌璀璨，展现了中华民族博大精深的精神世界和审美情怀。

瓷器
中国

PORCELAIN
THE STORY OF
CHINA

第一章 历史悠久的青瓷

青瓷是最早出现的瓷器类别，因其表面施有青色釉层而得名。青瓷的胎、釉中均含有适量的氧化铁（通常在3%以下），经高温还原焰烧成，其釉每每呈现青绿、青黄、淡青、翠青、粉青等各种优雅悦目的青色，通称为青瓷。中国是瓷器的故乡，最早发明的就是青瓷。它的诞生从二里头文化发现的原始瓷算起已有约4000年的历史，且历代从未间断，质量不断提高，名窑纷起、名品迭出，遂成为历史最悠久的瓷器品种，它的诞生在中国瓷器烧造史上具有里程碑的意义。严格说来，青瓷也是颜色釉瓷中的一种，因为其地位重要，数量巨大，衍生产品很多，人们倾向于将其独立归类。青瓷的雏形原始瓷出现在商周时期，至东汉后期发展成熟。历代烧造青瓷的窑场主要有南方的越窑、龙泉窑，北方的耀州窑、汝窑等。不同时期和不同地区的青瓷各有特色。晚唐五代秘色瓷代表了青瓷的巅峰，"九秋风露越窑开，夺得千峰翠色来"成为咏叹青瓷的绝唱。宋代厚釉技术的发明为青瓷开辟了一片新天地，汝窑的"雨过天青"、官窑的"粉青"、龙泉窑的"梅子青"，青瓷之美让人陶醉。碧玉般沉静素雅、清丽滋润的青瓷在中国陶瓷史上享有崇高的地位。

一、青瓷的史祖——原始瓷

在3600多年以前的商代早期，出现了比陶器明显进步的原始瓷。它是陶器向瓷器过渡的原始形态，是瓷器的初级阶段。与一般陶器相比，它的原料选用了含有较少杂质的瓷土，氧化铁含量降低。与白陶和印纹硬陶相比，它的烧成温度进一步提高，胎体更为坚致，器物表面施一层高温钙釉。最早在距今4000年的二里头文化遗址就发现了类似原始瓷的标本（图1）。商代和西周早期是原始瓷器的初始阶段，其胎尚欠坚实，其釉厚薄不匀，釉色泛黄，有的表面还有褐色釉斑；除个别器物比较规整外，大部分器物制作都比较草率，器壁厚薄不均，显示出较多的原始性。经过西周时期的发展，春秋以降原始瓷得到快速发展，特别是战国时期中国江南地区生产的原始瓷器，其形也规整，其胎也坚实，其釉也匀薄，其色也清亮，距真正的瓷器只有一步之遥。器型多与当时的青铜器相仿，有尊（图2）、鼎、簋、壶、盉、豆、编钟（图3）、编磬、勾镰等。春秋战国的原始瓷带有浓厚的吴越文化色彩，浙北、苏南地区出土的原始瓷是这一时期的代表。

图1 二里头文化 原始瓷标本
河南省文物考古研究院藏

图 2 商代 原始瓷尊
上海博物馆藏

图 3 战国 原始瓷编钟
无锡鸿山遗址出土
南京博物院藏

二、瓷器的诞生——东汉浙江青瓷

20世纪70年代，在浙江上虞小仙坛发现了东汉时期的瓷窑，出土的瓷片标本（图4）显示其质量比原始瓷有较大的提高，科学测试数据表明，它已经具备现代瓷器的基本要求。21世纪初，在浙江上虞大圆坪窑址也发现了相似的标本。在江苏邗江东汉永平十年（67）甘泉二号汉墓出土的青瓷是目前所见最早的汉代青瓷。浙江奉化东汉熹平四年（175）墓出土了一件绳索纹青瓷罐（图5），该罐胎质细腻，釉色青绿，施釉不及底，其胎釉的质量与上虞发现的标本类似。由此可以证明，青瓷出现在公元100年左右。到东汉中晚期，随着原料制备技术的提高，胎和釉更为纯净，龙窑结构的改进进一步提高了瓷器烧成温度。在技术进步的基础上，浙江上虞等地已经出现了完全成熟的青瓷。成熟的瓷器从成分构成和外观上与原始瓷相比都有了明显的改进，具备了现代瓷器的各种特征。在此后两千年的发展过程里，制瓷工匠在实践中不断改进练泥、制胎、施釉技术，完善窑炉结构，发明新的装烧工具，扩大产量，提高质量，使得中国的瓷器制造业不断推陈出新，发展壮大。

图4 东汉 青瓷标本 上虞小仙坛窑址出土
浙江省博物馆藏

图5 东汉 熹平四年（175）绳索纹青瓷罐
宁波奉化区文保所藏

三、青瓷的一统天下——南方六朝青瓷

真正的成熟青瓷在东汉出现以后直到魏晋南北朝，基本上都是青瓷一统天下，主要是南方浙江生产的青瓷。东汉中晚期，浙江上虞等地生产的青瓷胎料纯净，烧结充分，通体施釉，釉色青翠，透明光亮，这表明已经出现了真正意义上的瓷器。但是，其造型、纹饰仍未能摆脱传统，带有与陶器、原始瓷相似的特点。常见的器型有以网纹、水波纹装饰的罐（图6）、壶、盆、耳杯、簋、熏炉、五联罐等。装饰多见水波纹、麻布纹、弦纹等。

三国时期青瓷的胎呈浅灰色，青釉较为淡雅，纹饰简朴，造型优美。一些之后流行的器物如鸡头壶、虎子、羊形插座、蛙形水盂、堆塑罐等都是此时出现的。

西晋历年虽不长，但青瓷的特点却很鲜明，胎色偏深灰，釉色青灰；器物造型稳重，偏于矮胖，多见以动物形象作造型的器物，如熊灯、蛙盂、虎子、鸡首壶、羊形插座（图7）、狮形辟邪（图8）、兽形尊（图9）等。装饰趋于繁复，在器物的口沿、肩或腹部装饰以联珠、网格、弦纹等组成的带状花纹，配以模印的铺首或佛像，成为西晋青瓷的标志性装饰（图10）。在三国时用于随葬的堆塑罐到了西晋时十分流行（图11），以后就基本不见。西晋末，在一些器物上开始出现褐色点彩装饰。

东晋，青瓷的造型由矮胖敦实向瘦高挺拔发展，纹饰趋于简洁，流行弦纹和点彩（图12）。点彩看似随意，却常有点睛之笔，如在鸡、羊的双眼和器物的口沿、系上点上一笔，往往起到突出造型的作用。

虽然莲花装饰在先秦的青铜器上就已经出现，在瓷器上看到的莲瓣和荷花装饰应该与佛教的盛行相关。莲花真正作为瓷器纹饰是在东晋时期出现的，在一些浙江青瓷的上腹部，会有一周刻划的莲花瓣纹。至南朝，瓷器上的莲花纹饰已经比较普遍，主要表现为以仰覆莲花花瓣在器物外部作装饰带的形式（图13），偶见在盘、碗的内心以花的形式出现。多见于浙江的青瓷，也有江西等地的窑口。装饰技法有刻花、浮雕、立体造型、戳印、点彩等。南朝时期莲花图案装饰在中国瓷器

图6 东汉 青瓷网纹罐 上海博物馆藏

图7 三国吴 甘露元年（265）青瓷羊 南京博物院藏

图 8 西晋 元康七年（297）青瓷狮形辟邪
南京博物院藏

图 9 西晋 永宁二年（302）青瓷兽形尊
南京博物院藏

图10 西晋 青瓷贴花佛像㿒（局部）
上海博物馆藏

图12 东晋 青瓷点彩划花壶
上海博物馆藏

图11 西晋 元康元年（291）
青瓷堆塑罐 浙江省博物馆藏

上突然流行，与佛教传入中国并广为传播息息相关。莲花与佛教的关系，是与佛祖释迦牟尼的传说故事联系在一起的。传说释迦牟尼降生时"百鸟共鸣、百花齐放，在沼泽内突然开出硕大的莲花，佛祖一降生就站立在莲花之上"。荷花"出污泥而不染"的特性与佛教所主张的"出世人格"有着天衣无缝般的契合。佛教认为：人间迷失自我如同陈淤积垢，有志者应该努力修行，净化自我，不受污染，追求到达清净无碍的境界。莲花的自然美完全可以用来象征佛教的这种思想。况且莲花昂首挺拔、色泽鲜艳、洁身自处、傲然独立的特点也能吸引人们。它表现在瓷器装饰上，既符合当时的"时尚"——迎合佛教艺术的兴起，也具有美学的价值。南朝青瓷上褐色点彩依然流行，但褐点小而密集，与东晋时不同。

六朝青瓷流行于楚、吴越之地，此处巫风盛行，充斥着浓厚的原始图腾崇拜。青瓷上的大量的动物装饰与巫文化的传承有着千丝万缕的联系，如青釉虎子、蛙形水盂、青瓷羊、兽形尊，都是动物神话的产物。

北朝青瓷虽然昙花一现，但是却显示出强大的实力，北朝莲花尊虽然发现并不多，但是它的造型高大挺拔，自口沿至底足，层层叠叠以模印、堆贴、刻花等多种装饰手法，多层次表现莲瓣浮雕式花纹的立体效果，为同时代瓷器莲花装饰之最（图14）。

四、南方青瓷的骄傲——越窑青瓷与秘色瓷

越窑 是中国古代南方首屈一指的青瓷窑系，分布于浙江东北部杭州湾南岸的绍兴、上虞、余姚、慈溪至宁波、鄞县一带广大地区。越窑始于东汉，盛于唐、五代，衰于宋，烧制时间长，生产规模大，影响深远，是中国古代瓷器生产的先锋队和生力军。越窑之名最早见于唐代，陆羽在《茶经》中论及当时的茶碗时有"越窑上，鼎州次，婺州次……"和"越瓷类玉……""越州瓷、岳州瓷皆青，青则益茶……"的评价。越窑瓷器胎质细腻，釉汁纯净，以青绿和青黄色调为主，成形、装饰技法繁多，品种丰富，纹饰简朴大方，为历代所称道。东汉、三国时期青瓷还带有原始瓷的质朴和古拙。两晋青瓷的低调雅致迎合了士大夫的意趣，颇有些时代的气息。南朝在青瓷的装饰上较多运用莲花，可以看作是佛教东渐在艺术上的表现。隋唐时期，青瓷成为人们日常生活中的必需，更注重造型和釉色之美。唐代开始就出现许多歌颂越窑典雅秀美的诗句。晚唐五代的秘色瓷更是越窑青瓷的巅峰之作，"捩翠融青"的釉色赢得无数的遐想和神往。开放的唐帝国八方来朝，带来了域外的文化和艺术，这在青瓷的造型和装饰上也得到体现，例如越窑海棠形碗（图15）、杯的造型即是源自中东地区的曲腹杯。

初唐时越窑青瓷还较多保留了南朝和隋代的传统，胎灰白而松，釉

图 13 南朝 青瓷刻花莲瓣纹单柄壶
故宫博物院藏

图 14 北朝 青瓷莲花尊
河北景县封氏墓地出土
中国国家博物馆藏

图 15 唐 越窑青瓷海棠碗 上海博物馆藏

图 16 唐 越窑青瓷辟雍砚
西安碑林博物馆藏

色青黄，长颈龙首柄鸡头壶和联珠足辟雍砚（图16）是此时的典型产品。由于端砚的流行和注子的出现，中唐以后瓷砚和鸡头壶就基本上被取代。中晚唐越窑青瓷的风格出现了较大的变化，此时的越窑产品少见花纹装饰，而以釉色和造型美取胜。胎质细腻致密，器型规整，造型优美，或作瓜形（如瓜棱壶、瓜形盒等）、或如花朵（如花口碗、花形盘、海棠碗等），轻巧玲珑。特别是釉色青翠，釉层均匀浑厚，滋润而失透，如同青玉一般（图17），实现了当时人们对青瓷质感的追求。

秘色瓷 是晚唐五代越窑的巅峰之作，但是长期以来人们对"秘色瓷"的真正面貌还是不甚了解，直至1987年4月在位于陕西省扶风县的法门寺意外发现了唐代佛塔的地宫。唐咸通十五年（874）唐懿宗为供奉释迦牟尼灵骨舍利，与舍利一起封瘗于扶风法门寺佛塔地宫中的供养品中包括了秘色瓷器。据地宫出土的《物账碑》记载："（唐懿宗）恩赐……瓷秘色椀（碗）七口，内二口银棱，瓷秘色盘子、叠（碟）子共六枚。"它们就是消失世间千百年来人们苦苦寻觅的秘色瓷。法门寺塔地宫出土的这批秘色瓷，器形规整，造型简洁，釉色青绿，晶莹润泽。7件碗，其中两件为鎏金银棱平脱雀鸟团花纹秘色瓷碗，还有花口盘（图18）、碟共6件及八棱瓶1件（图19）。这是迄今为止唯一能与文献相互印证的秘色瓷。当时歌颂秘色瓷器著名的诗句有陆龟蒙的《秘色瓷器》"九秋风露越窑开，夺得千峰翠色来"和徐夤的《贡余秘色茶盏》"巧剜明月染春水，轻旋薄冰盛绿云"。据现有文献，"秘色瓷器"一词最早为陆龟蒙所提出。陆为晚唐诗人，其生卒年虽不明确，但他与皮日休（约834—883）是好友，时有"皮陆"之称，可知其诗作年代应为9世纪中叶以后，因此把秘色瓷器的时代上限定在9世纪中叶是适宜的。法门寺塔地宫的发现，为秘色瓷的时代提供了可靠的考古依据。

文献记载五代十国中寓居东南一隅的吴越钱氏王朝经常向中原的统治者进贡大量的礼品，秘色瓷也是其烧造上贡的重要礼品。吴越在其立国的八十多年间，钱氏虽据有两浙之地，却只求就业，始终称臣侍北，"终不失臣节，贡献相望于道"。据新旧《五代史》《吴越备史》《册府元龟》《宋史》《宋会要辑稿》《续通鉴长编》《十国春秋》及《吴越史事编年》等书的记载，吴越钱氏王朝为了保境安民、偏安一隅，不断

图 17　唐　越窑青瓷注子　故宫博物院藏

图 19　唐　越窑秘色瓷八棱瓶
陕西省法门寺博物馆藏

图 18　唐　越窑秘色瓷盘　陕西省法门寺博物馆藏

向先后统治中原的后梁、后唐、后晋、后汉、后周及北宋朝廷进贡。据不完全统计，自吴越天宝二年（909）钱镠首次以纪君武为进奉使向后梁进贡起，至北宋太平兴国三年（978）钱俶二次朝觐宋帝纳土归宋止，在70年中先后入贡逾70余次，贡品中金银珠宝、绵绮纹罗、犀角象牙、龙船花舫、珍稀动物、杂宝香药、兵器甲胄、稻米茶叶、海味细酒等无所不包，且数量巨大，甚至女乐、火箭军等均在贡献之列。其中明确记载贡品中包括瓷器的有11次，贡献的瓷器有"金棱秘色瓷器""金银棱瓷器""秘色瓷器""瓷器""银涂金扣越器""越器"和"金扣越器"等等。其中明确记载进贡的是"秘色瓷器"的有6次，只言瓷器而不称秘色瓷器的为5次。秘色瓷言明数量的为两次，分别为"金棱秘色瓷器二百事"和"金棱秘色瓷器百五十事"；瓷器言明数量的三次，为"瓷器万一千事，内千事银棱""银涂金扣越器二百事""越器五万事、金扣越器百五十事"。可见，凡"秘色瓷"者，其数量较少，而"瓷器""越器"数量较多。由此给人以启发，秘色瓷器应该是瓷器中的姣好者，虽然吴越之地瓷器产量不小，但是秘色瓷器的生产却并不多。经科学研究得知，越窑上林湖秘色瓷与同时代越窑青釉瓷在胎、釉原料化学组成上基本相同，但在制作工艺上存在不同。秘色瓷的胎质比越窑青釉瓷更为均匀细致，气孔与分层明显减少；秘色瓷的釉层厚薄均匀，釉面光泽滋润，少见剥釉开片；其成形也更加规整细致。说明秘色瓷的原料选择处理、加工成型都有明显的改进。另外，秘色瓷的颜色比越窑青釉瓷更加纯正清亮，这与秘色瓷采用瓷质匣钵，并采用匣钵封釉等独特的装烧工艺密切相关。瓷质匣钵和匣钵封釉技术显然提高了匣钵的密封性，避免了青瓷在烧成后期被二次氧化的干扰，釉中铁元素的还原更加充分，从而使釉色纯正如湖水般清澈。对上林湖釉色不同的标本所进行的科学分析表明，凡釉色纯正清亮者，釉中Fe^{2+}/Fe^{3+}比值较高，两者达到1∶1左右；而釉色偏黄者釉中Fe^{2+}/Fe^{3+}比值则要低得多，其二价铁的含量约为釉中铁含量的5%左右。决定釉中二价铁与三价铁比值高低最直接因素是烧成过程中还原焰的强弱，还原气氛强，釉中相当部分的氧化铁被还原，其比值就高，釉色就呈现为较纯净的青色；反之，还原气氛弱，或者在开窑阶段被二次氧化，釉中相当部分的铁保持氧化状态，其比值就低，釉色就表现为青中泛黄的色调。上林湖晚唐时期新出现的用瓷质匣钵的装烧工艺，由于瓷质匣钵胎体较普通匣钵致密，加上匣钵口沿再用釉浆密封，这样就保证了其产品在密闭的条件下烧成，在开窑冷却时就能较好地避免二次氧化对釉色的不良影响。因此，上林湖晚唐时期采用瓷质匣钵密封装烧工艺，使其产品釉色清纯、晶莹润泽。采用这种装烧工艺也会降低成品率，因为烧制完成后，从匣钵中取出产品需要打破匣钵，一些烧成品难免被一起打破。传世秘色瓷数量稀少以及在近年上林湖后司岙发现的秘色瓷窑址中出土大量釉色、纹饰、造型俱佳的残片说明了这一点。

科学研究的结果表明，越窑青瓷胎、釉的化学组成，并没有随着时代的进步而出现有规律的变化。即在越窑发展的过程中，其胎、釉的化学组成变化不大，这与越窑青瓷的原料产地相对固定有关系。晚唐时期上林湖窑址出土标本中不同釉色标本胎釉的化学组成是基本一致的，这样，就排除了由于配方不同而造成釉色不同的可能性。从外观上看，二者均属石灰釉，釉层均较薄，因此造成其釉色不同的只能是烧成工艺的区别了。在越窑鼎盛的晚唐、五代时期出现的一批制作规整精美、釉色青翠清亮的秘色瓷，其主要原因是制作规范，特别是改进了装烧和烧制技术，在合适的窑位可以得到合适的烧制温度，瓷质匣钵及釉封技术又改变了烧制气氛。

晚唐以后，越窑青瓷在部分器物上出现了简单的刻划花纹，线条流畅自然，多见花草等。五代时期流行线刻、浮雕式刻花和褐彩彩绘，北京韩佚墓出土的越窑宴乐人物图执壶是线刻纹饰的代表（图20），苏州虎丘塔发现的莲花纹托碗是浮雕式刻花的代表，唐天复元年（901）浙江临安钱氏水邱氏墓出土的褐彩青瓷（图21）则是越窑彩绘瓷的代表。北宋越窑产品普遍有花纹装饰，流行的做法是以浮雕法刻出花纹的轮廓，再以线刻或者划纹表现花纹的细部（图22）。北宋中期以后，由于越窑原有的以造型、釉色美取胜特点的丧失，加上北方青瓷的崛起、南方龙泉窑青瓷及景德镇青白瓷的发展，越窑终于走完了它的历程。在越窑原来的窑场生产的所谓"低岭头类型"青瓷则与越窑的传统无关。

图 20 五代 越窑刻划宴乐人物图执壶
首都博物馆藏

图 21 五代 越窑褐彩云纹熏炉
浙江省临安博物馆藏

图 22 北宋 越窑青釉刻花牡丹纹盒
浙江省慈溪市博物馆藏

图 23 五代—北宋 耀州窑青瓷刻花牡丹纹执壶 法国巴黎吉美博物馆

五、北方青瓷的明珠——耀州窑青瓷

日本已故著名学者小山富士夫先生曾把传世不多的几件以高浮雕刻花为装饰的淡青釉瓷器称为"东窑"。所谓"东窑"仅见于《续文献通考》，记载未详，据考在河南陈留，但是在陈留没有发现类似的窑址。随着耀州窑科学考古的深入展开，我们能够透过历史的尘埃看清其本来面目。考古资料表明，位于陕西铜川的耀州窑从唐代起就生产青瓷，但是产量不高，质量也十分粗糙。耀州窑进入五代以后得到飞速发展，五代及北宋早期的耀州窑胎灰白细腻，青釉浅淡纯正，以浮雕式的刻花装饰，层次清晰，富有立体感（图23），与上述"东窑青瓷"完全一样，海外藏家曾为此沮丧不已，但是此类青瓷完整器传世极少，认定是耀州窑产品并不影响其珍贵程度，大可不必为此担忧。

北宋时期，随着南方越窑青瓷的衰落，耀州窑以优质的刻花青瓷

图 24 北宋 耀州窑青瓷刻花牡丹纹瓶
大阪市立东洋陶瓷美术馆藏

图 25 北宋 耀州窑青瓷刻花缠枝牡丹纹瓶
上海博物馆藏

图 26 北宋 耀州窑青瓷印花婴戏纹碗
大阪市立东洋陶瓷美术馆藏

独领中国青瓷之风骚，一度成为当时最重要的青瓷窑场。当我们今天审视它时，仍不免为其精美的刻花纹饰而叫绝。耀州窑刻花采用"半刀泥"技法，即先沿着纹饰的轮廓垂直刻下，进刀较深，再以斜刀在轮廓之外将胎泥剔出，施釉烧成后进刀深处釉厚色浓，花纹边缘徐徐淡出，具有浮雕般的效果（图24）。其刀锋之犀利明快、线条之酣畅流利，为宋代瓷器刻花之冠。当然，耀州窑青瓷细腻而致密的胎骨，翠绿莹润而透明的釉层也是花纹能够清晰表现出来的条件。上海博物馆收藏的耀州窑刻花缠枝牡丹纹梅瓶，器型高大挺拔、花纹清晰流畅，为北宋耀州窑青瓷中的精品（图25）。在一些盘、碗类的器物中还常见印花装饰，其风格与刻花十分相近，通常在器物的内壁印花，且花纹布局满密，以植物花卉题材为主，偶见仙鹤、婴戏（图26）等。

金代以后，耀州窑青瓷的风格出现了较大的变化，其胎趋于厚重；釉薄而不润，多为青黄色，俗称"姜黄釉"（图27）；纹饰趋于简单，以印花为主；碗盘类器物普遍采用刮釉涩圈叠烧工艺，即器物内心一周无釉，将数件器物相叠入窑烧制，这样提高了窑炉的生产效率，后果是降低了产品的等级，这种装烧方法在金代北方诸窑十分流行。月白釉是金代耀州窑中的佼佼者，其釉色淡青中透白，釉层肥厚滋润，器物表面多不施装饰，而造型自然生动，富于变化（图28）。

耀州的产品影响深远，其风格为河南临汝窑、广州西村窑、广西永福窑等窑场相继效仿，形成了与越窑风格有别的北方青瓷类型，称之为耀州窑类型。

图27 金 耀州窑青瓷盒 陕西省耀州窑博物馆藏　　图28 金 耀州窑月白釉围棋罐 陕西省耀州窑博物馆藏

六、瓷器中的珍品
——汝窑、官窑、张公巷窑、哥窑瓷器及明清仿品

汝窑　南宋周煇在《清波杂志》中论道："汝窑，宫中禁烧，内有玛瑙末为油（釉），惟供御拣退，方许出卖。"之后，发出"近尤难得"之叹，可见汝瓷之珍贵。汝窑因窑场在宋代汝州而得名。据考证，其烧制御用青瓷始于宋徽宗崇宁、大观年间（1106—1110），随着北宋王朝的覆灭（1127）而终结，历时短促，因此传世品十分稀少，目前见于著录的汝瓷完整器全世界不过70件左右。明清两代论及宋代名窑瓷器，皆首推汝窑。汝窑是北宋朝廷指定的御用瓷器，其制作自然比较讲究。从传世品看，汝窑胎质细腻，胎色灰中略闪黄色，俗称"香灰胎"；釉色稳定，滋润而失透，呈天青色，釉面大多有本色开片，传世唯一没有开片的是收藏在台北故宫博物院的一件水仙盆（图29），印证了明代曹昭《格古要论》中对汝窑瓷器"有蟹爪纹者真，无纹者尤好"的记载。一般器物均采用满釉支烧的方法，在器物底部可以见到细如芝麻状的支钉痕3至5个，支痕处可见胎色。传世汝窑的器型有瓶、奁（图30）等仿古陈设器，也有碗、盘（图31）、洗、水仙盆等日用器。在清代文献中，把汝窑水仙盆称之为"猫食盆"。

图29　北宋　汝窑水仙盆　台北故宫博物院藏

图 30 北宋 汝窑奁 故宫博物院藏

图 31 北宋 汝窑盘 上海博物馆藏

图 32 北宋 汝窑洗 河南宝丰清凉寺采集 上海博物馆藏

汝窑窑址久寻不得。1931年日本学者到河南临汝寻找汝窑；1950年中国古陶瓷专家陈万里、冯先铭先生到临汝、宝丰、鲁山考察窑址；20世纪50至70年代，河南省文物考古学者和北京故宫的专家多次为寻找汝窑到临汝及附近一带考察，终没有真正发现汝窑窑址。1986年10月，中国古陶瓷研究会在陕西西安召开年会，河南省宝丰县陶瓷工艺厂王留现向一些专家展示了他在宝丰清凉寺采集的1件青釉瓷洗（图32），引起了与会专家的重视。在这一线索下，上海博物馆汪庆正于当年年底两次派人前往清凉寺窑址调查，找到了与传世汝窑一样的瓷片标本及窑具。1987年初在上海《文汇报》发布了发现北宋汝窑的消息，并于1987年10月出版《汝窑的发现》一书，认定宝丰清凉寺瓷窑遗址为汝官窑窑场。1987年10月和12月，河南省文物考古研究所对清凉寺汝窑窑址进行了钻探和试掘，确认窑址范围并发现了典型的汝窑标本，从而证实了汝窑遗址的地点。至2016年7月，清凉寺汝窑窑址共进行了14次考古发掘，每一

图33 清雍正 景德镇窑仿汝釉瓶 上海博物馆藏

次发掘都有新的收获。

由于汝窑瓷器制作精细讲究，不易仿制，因此后世的仿品很少有乱世之作。明代景德镇仿汝瓷器仅见于宣德朝，但其胎色偏白，釉稍透亮，釉面开片较细密，并有宣德朝特有的"橘皮纹"。清仿以雍正朝最优，时称"仿铜骨鱼子纹汝釉"，虽制作精细，"略得遗意"，但与宋汝相比，釉面大多透亮清澈，少数还有印花、堆花等装饰，当然造型与宋汝也有区别，底部更有本朝青花年号款（图33）。

官窑 真正意义上官窑应该说始于宋代，文献记载宋徽宗曾命内府"自置烧造"青瓷窑场，但由于历史上黄河数度泛滥改道，宋都汴梁城已被深深掩埋于泥沙之下，因此目前尚无法得到汴京是否有窑址的证据。现在我们了解宋代官窑是宋高宗赵构后"袭故京遗制"在临安（杭州）"修内司"设立的官窑和在"郊坛下别立"的新窑，统称之为"南宋官窑"。1930年日本学者在杭州乌龟山南麓找到郊坛下青瓷窑窑址，中国学者周仁先生实地考察后认为是文献记载的"内窑"。1937年古陶瓷爱好者朱鸿达先生在乌龟山窑址发现一件三足炉并出版专著，认为乌龟山青瓷窑址就是南宋官窑，从而引起轰动。1956年和1985至1986年浙江省博物馆和浙江省文物考古研究所先后两次对郊坛下窑进行科学发掘，发现了窑炉、制作作坊、大批瓷片标本和窑具。关于"修内司"官窑，由于久寻不见，一些学者提出了"修内司是机关而不是窑场""修内司窑器即是传世哥窑器""修内司官窑子虚乌有，内窑系由临安府烧造""修内司窑存在，但不可能在杭州城"等观点。1996年杭州市文物考古研究所在杭州凤凰山老虎洞发现青瓷窑址，1996年及1998至2001年经过两次大规模的考古发掘，发现了高等级制瓷遗迹、高质量的瓷片标本以及处理废弃瓷器的瓷片坑，这些迹象均彰显了该窑的官窑身份。在1996年的考古发掘中，发现了一件刻有"修内司窑置庚子年……□□□□匠师造记"铭文的荡箍（图34，荡箍是拉坯的陶车中安轴的零件）。据此，坐实了杭州凤凰山老虎洞窑址就是南宋修内司窑的身份，并且向人们揭示了它的真实面貌。从传世品及窑址发掘品来观察，官窑瓷器胎料中含有紫金土，故胎色呈黑灰色或赭黑色，质地细腻。产品可以分为厚釉和薄釉两类，厚釉者胎薄而釉甚厚润，釉色粉青，釉面有本色大开片，并有缩釉和棕眼，器物口沿及边棱处釉薄而显黄褐色，器物底部及足端无釉露出深色胎，此即所谓"紫口铁足"，造型多仿商周古铜器如出戟尊（图35），即仿觚的造型，显然是受到当时仿古、复古风气之影响，作宫廷陈设及观赏之物。薄釉者由于釉层不足以遮盖胎色，故呈灰青色釉，釉面多细碎开片，此类器物多见碗、盘、洗（图36）等日常用品。

浙江南部龙泉大窑等地南宋时也曾烧造具有官窑风格的青瓷，有学者认为是文献中的"哥窑"，但把它看作是当时奉官府之命生产，以补充杭州官窑产量之不足较为妥当。龙泉仿官的胎、釉、造型与杭州官窑十分接近，往往较难分辨，唯龙泉产品釉面较为光亮，开片呈白色者居多（图37）。从两者碎片的断面看，杭州官窑断面整齐，而龙泉仿官断面多见分层和参差不齐。

明清景德镇仿官以雍正朝较多且质优，称为"仿铁骨大观釉"，釉

图 34 南宋"修内司"铭荡箍
杭州市文物考古研究所藏

图 35 南宋 官窑出戟尊
台北故宫博物院藏

图 36 南宋 官窑洗 故宫博物院藏

图 37 南宋
龙泉窑仿官釉三足炉
上海博物馆藏

图 38 清雍正
景德镇窑仿官釉六方贯耳瓶
台北故宫博物院藏

色以豆青为主，有透明、失透之分，以失透者与官窑相似，釉面多见大开片，部分器物有"紫口铁足"，器型以各式瓶、壶、洗为主，体量较大，具清代风格（图38）。

张公巷窑与北宋官窑 河南汝州张公巷窑不见于文献，也没有明确的实物传世。自2000年在张公巷发现一处青瓷窑址以后，关于其时代及性质一直众说纷纭，莫衷一是。与清凉寺汝窑瓷器相比，汝州张公巷窑瓷器以薄胎薄釉为主。胎质细腻坚实，为汝窑所不及；胎色有粉白、灰白、洁白与少量灰色，几乎不见汝窑的香灰色；釉色浅淡，玻璃质感较强，透明度高于汝窑，感觉比较清亮，极少见到清凉寺汝窑的天青色釉，釉面开片大而稀，与清凉寺汝窑釉面细碎的小开片明显不同；在器物造型上，汝州张公巷产品的器形中大件的比例相对较多，器型中多见的花口折腹盘、葵口平底盘、四方平底盘等为清凉寺汝窑所不见；底足的处理工艺方面，张公巷窑碗盘类基本上是足底平切，有垫烧和支烧，支钉痕多为非常规整的小圆点；而汝窑则多为满釉支烧，支烧的支钉痕多为典型的"芝麻钉"。随着清凉寺汝窑遗址的发现与发掘，汝窑的面貌已经十分清楚，遗址出土标本与传世实物也能一一对应。而张公巷窑遗址出土的标本却难寻传世实物，目前与张公巷窑标本比较相似的只有两例，一是上海博物馆旧藏相传20世纪40年代河南开封出土的4件青瓷标本（图39），一是伦敦大英博物馆收藏的"亚历山大碗"（图40）。目前发现汝州张公巷窑的窑址范围比清凉寺汝窑要小，遗存也比较有限，说明其生产规模不大，时间也不长。从张公巷窑产品制作极为规整、讲究，工艺精湛来看，显然不是一般的民用瓷器，其性质应属官窑。清凉寺汝窑的时代和性质都已经确认，即北宋晚期专门为宫廷烧制御用瓷器的窑场。对于汝州张公巷窑的时代和性质则引起了众多讨论，有认为其烧造于北宋；也有认为其年代是金代甚至元代；还有认为它是与清凉寺汝窑相类的产品，可以归入汝窑；亦有认为它完全是与汝窑不同的另外一类产品。

对7件张公巷窑遗址出土标本、5件宝丰清凉寺汝窑遗址出土标本和4件传40年代在开封出土的标本用EDAX公司的EagleⅢ能谱仪进行无损成分分析，结果表明，从整体上看，张公巷、开封与清凉寺三

图39 传开封出土青瓷标本 上海博物馆藏

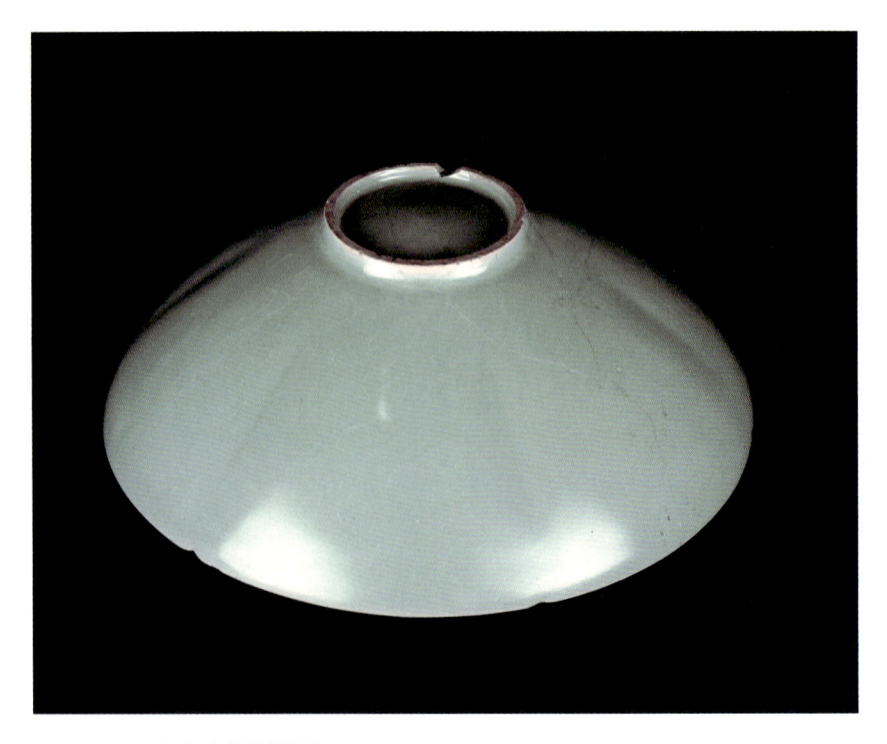

图40 亚历山大碗 大英博物馆藏

处共16件青釉标本胎中氧化铝（Al_2O_3），釉中氧化钾（K_2O）和氧化钙（CaO）的含量组成都比较接近，体现了北方陶瓷高铝胎、高钙釉的特征；从胎的化学组成来看，主量元素中氧化铁含量稍有差异，清凉寺标本胎中氧化铁（Fe_2O_3）含量平均值为2.63%，而张公巷标本胎中氧化铁（Fe_2O_3）含量平均值为1.80%，开封标本胎中氧化铁（Fe_2O_3）含量平均值为1.87%，可见开封标本成分接近于张公巷标本而明显不同于清凉寺标本。由于铁是重要的着色元素，张公巷窑及开封青瓷标本的胎色都呈灰白色，而清凉寺汝窑瓷胎呈香灰色，主要原因应该是清凉寺窑汝瓷标本胎中氧化铁含量明显高于张公巷窑青瓷和开封青瓷标本所致。微量元素的含量通常可以判断产地而不受人为配料的影响，清凉寺标本胎中锶（Sr）含量为99～142$\mu g/g$，张公巷标本胎中锶（Sr）含量为393～525$\mu g/g$，开封标本胎中锶（Sr）含量为344～435$\mu g/g$。张公巷标本胎中锶（Sr）含量与开封标本接近而明显高于清凉寺标本，由此可推断清凉寺汝窑与张公巷、开封标本应该采用了不同的制胎原料。从釉的化学组成来看，清凉寺汝窑产品釉中氧化锰（MnO）含量均大于0.1%；而张公巷和开封标本氧化锰在含量在0.05至0.07%之间。两者相差均2.5倍。由于锰也是重要的着色元素，因此这可能是张公巷、开封标本的釉色普遍比清凉寺瓷釉釉色浅淡、清亮的原因之一。

采用"前剂量饱和指数法测定瓷器热释光年代技术（Pre-dose technique）"对5件张公巷和3件清凉寺的标本进行年代测试，结果表明，5件张公巷标本的年代范围在距今1107至1194年之间，平均为1140年；3件清凉寺标本的年代范围在距今1045至1148年之间，平均为1112年。两者相差无几。由于年剂量采用北方窑址的典型值，这样会给热释光年代结果带来一定误差。数据偏早100年左右。

无论是胎还是釉，张公巷与清凉寺出土标本的化学组成是有明显差别的，这些差别导致了两者在外观上的不同。虽然两地相距约40公里，但产品有明显的差别，严格地说还不能归为同一类；热释光测试也表明，张公巷窑标本的灵敏度要明显高于清凉寺窑，这说明两者胎的组成有较大的区别。尽管从热释光年代测试上不能清晰地表现出清凉寺和张公巷窑相互之间的早晚关系，但是至少让我们知道如果清凉寺属北宋产品，那么张公巷的时代也不会到金代，更不会是元代。上海博物馆收藏的4件传20世纪40年代在开封出土的青瓷标本，从标本的胎、釉及器形、工艺特点看与张公巷出土标本几乎一致，用能谱仪测试两者的胎釉成分，几乎一致，热释光年代也相同。由此可见，这4件标本无疑是产自张公巷窑。张公巷窑产品与汝窑相比，主要区别在于青釉更加清亮，器形中大件的比例也相对较多，烧造时间短、产量少，从窑址出土标本看当时对成品的拣选要求相当高。如果上海博物馆收藏的标本确为在开封出土的话，就不能排除张公巷窑是北宋官窑的可能性。

哥窑 哥窑在中国瓷器史中长期以来是一桩扑朔迷离的悬案。"哥窑"指的是一类胎色赭黑、厚釉、釉色灰青或米黄、釉面有细碎染色开片的瓷器。作为宋代五大名窑的"哥窑"一直处在学术界的讨论热点之中，从元代以来的文献直至今日的研究报告，对其时代和产地都众说纷纭，莫衷一是。长期以来，哥窑瓷器基本不见考古发现，以宫廷收藏为主，因此又被称为"传世哥窑"。以后，随着窑址考古和其他考古资料的不断发现，关于哥窑的定义以及其产地有了不同的看法。

文献上关于哥窑的产地，有杭州、龙泉两种说法。最早有"哥窑"记载的相关文献见于元代孔齐的《静斋至正直纪》："乙未冬（至正十五年，1355）在杭州时，市哥哥洞窑者一香炉，质细虽新，其色莹润如旧造，识者犹疑之。会荆溪王德翁亦云，近日哥哥窑绝类古官窑，不可不细辨也。"明嘉万时杭州人高濂的《遵生八笺》在谈"官窑"时有如下记载："官窑品格，大率与哥窑相同……窑在凤凰山下……哥窑烧于私家，取土俱在此地……"从后两句文字分析，似乎哥窑的烧造地点在杭州。在明代洪武二十一年（1388）成书的曹昭《格古要论》中哥窑和龙泉窑是分别叙述的，其中关于哥窑的论述是："旧哥窑色青，浓淡不一，亦有紫口铁足，色好者类董窑，今亦少有成群队者。元末新烧者土脉粗糙，色亦不好。"关于龙泉窑的记载是："古龙泉窑在今浙江处州府龙泉县，今曰处器、青器、古青器。"虽然没有论及"旧哥窑"产于何地，但是排除了哥窑产于龙泉的可能性。

比《格古要论》晚了一个半世纪、嘉靖十八年的陆深《春雨堂随笔》有"哥窑浅白断纹，号百圾碎……宋时有章生一、生二兄弟，皆处州人，主龙泉之琉田窑。生二所陶青器，纯粹如美玉，为世所贵，即官窑之类。生一所陶者色淡，故名哥窑"的记载，这是有关章生一、生二兄弟烧瓷记录的最早材料。其后，明嘉靖四十年《浙江通志》、嘉靖四十五年《七修类稿续稿》都有类似记载。明代陆容刊刻于嘉靖年间的《菽园杂记》一书对龙泉窑记录得比较详细，是研究龙泉窑的重要参考书，书中从龙泉窑的分布、原料出处、制做工艺、装窑方法直到烧窑，描绘得极其细微，对于"哥窑"无只字提及。基于上述情况，宋时龙泉窑章生一、生二兄弟各主一窑的说法，从文献记录的资料看，开始是得自传闻，以后又进一步演绎而逐步形成的。

收藏传世哥窑最主要的三处博物馆是：故宫博物院、台北故宫博物院和上海博物馆。北京故宫公开发表的有58件，台北故宫收藏的传世哥窑瓷器约有150件，上海博物馆收藏的传世哥窑瓷器有15件。传世哥窑均为赭黑色胎、铁黑色，也有黄棕色；釉为失透的乳浊釉，主要是灰青色，米黄色较少，釉面泛一层酥光，大小开片结合，经植物汁液染色后，有一色开片，也有大开片呈深褐色，开片较浅的小开片为黄褐色，世称"金丝铁线"（图41）。器型有各式瓶、炉（图42）、尊、洗（图43）、盘、碗、碟等，一般不见大器，多见仿古造型。器物底足制作不十分规范，釉面常见棕眼和缩釉。

1998年5月至2001年3月，杭州市文物考古所对杭州凤凰山老虎洞窑址进行了两次较大规模的考古发掘。据发掘者报告："老虎洞窑第二层出土的瓷片量多、品种丰富，窑具上有八思巴文。出土的器物同传世哥窑十分相似……我们初步认为这一层的产品是哥窑产品。"在窑址T50中发现一件标本与传世哥窑葵口洗的造型几乎完全一样（图44）。

浙江省文物考古研究所经过几年的考古调查与发掘工作，初步查明龙泉生产黑胎青瓷的窑址除溪口、大窑地区外，又发现了几乎纯烧黑胎产品的瓦窑垟窑址。生产包括尊、觚、簋等在内的礼器类产品。无论是溪口还是小梅等地的产品，其基本特征为：时代主要集中在宋代，黑胎、紫口铁足、胎骨厚薄不一；青色釉，釉色深浅不一，开片纹、片纹亦大小不一，粉青釉器物数量较少。虽然还不见报告发布，但是在2012年举行的学术研讨会上，不少学者认为龙泉黑胎青瓷应该就是哥窑。

图41 宋 哥窑葵口盘 上海博物馆藏

图42 宋 哥窑五足炉 上海博物馆藏

图 43 宋 哥窑葵口洗 故宫博物院藏

图 44 杭州凤凰山老虎洞出土葵口洗标本 杭州市文物考古研究所藏

  将杭州老虎洞窑址出土标本和龙泉瓦窑垟窑址出土黑胎青瓷标本进行比较,其共同点是两者均为黑胎厚釉青瓷,釉面均有开片,但是杭州老虎洞标本的釉更为乳浊,基本不透明,而龙泉瓦窑垟标本的釉还有少许一点透明度;从釉色上看,杭州老虎洞主要是灰青色,釉色较浅,有的接近月白色,还有少量米黄色,龙泉瓦窑垟几乎都是灰青色,釉色总体比老虎洞深；从釉面的开片看，传世哥窑均为"金丝铁线"或一色深褐色开片，龙泉瓦窑垟标本无"金丝铁线"，一色开片泛白色（图45）；从标本的断面看，杭州老虎洞的断面比较整齐，而龙泉瓦窑垟标本的断面多见分层，呈"犬牙交错"状。从以上特点看，杭州老虎洞窑址的标本与传世哥窑更为接近。

对馆藏的传世哥窑瓷器和杭州老虎洞窑址元代地层标本及龙泉瓦窑垟窑黑胎青瓷标本用荧光能谱仪进行釉成分测试，取得了可用于比较的数据。测试结果表明，其共同点是釉中主量熔剂K_2O/CaO（钾/钙）比例较高，因此容易形成厚釉。分析釉面主量元素因子可以看出，样品分布于两个区域，馆藏传世哥窑瓷器与老虎洞窑瓷片为一类，龙泉窑黑胎瓷片为第二类。瓷器的微量元素往往可以表现出产地特征，老虎洞窑标本釉中Rb（铷）和Sr（锶）含量均比龙泉窑标本釉中含量低很多，Zr（锆）含量也比龙泉瓦窑垟要低一些。而传世哥窑瓷器的釉的微量数据成分与老虎洞窑标本釉的微量成分更为接近，而与龙泉窑青瓷标本存在差异。科学测试结果表明：馆藏传世哥窑瓷器的产地是杭州老虎洞地区而并不是龙泉地区。

景德镇仿哥始于明代永宣年间，惜无完整的实物传世。明代成化朝景德镇制作的仿哥小碗，釉面滑润光亮，开片规范，口沿及底足均涂一周酱色釉以仿"紫口铁足"，圈足内有青花"大明成化年制"款（图46），这类成化官窑仿哥器传世罕见，十分珍贵。清代仿哥以雍正朝最为著名，釉面纹片多为一色开片，也有"金丝铁线"，釉色多为灰青，底足支痕多以酱色釉涂成圆点状，有青花雍正款（图47）。

七、归属青瓷的特殊品种——钧窑与仿钧瓷器

在明代的文献中，钧窑被列入"宋代五大名窑"之一。中心窑场在河南禹州为中心的区域。虽然钧窑产品的基本釉色以各种浓淡不一的蓝色乳光釉为主，偶有红色或红斑，但是其胎、釉中主要呈色剂氧化铁含量在2%至3%之间，胎中氧化钛含量在1.1%至1.6%之间，尽管其釉色变化多端、自然成趣，还是把它归入青瓷的范畴，成为青瓷中特殊的一族。

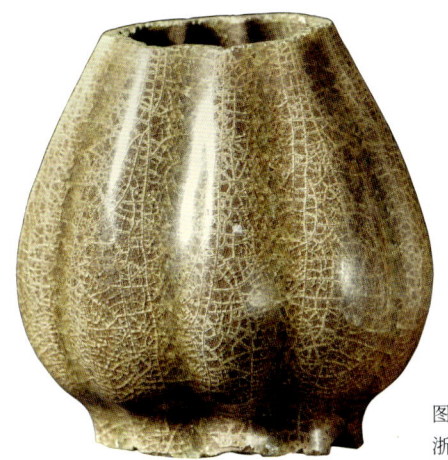

图 45 龙泉瓦窑垟宋代窑址出土标本
浙江省博物馆藏

图 46 明成化 仿哥釉碗
上海博物馆藏

图 47 清雍正
景德镇窑仿哥釉石榴尊
上海博物馆藏

传统观点把钧窑分为宋代（官钧）、金代和元代三个时期，认为"宋代钧窑"制作最精，传世较少，其产品供御用。胎虽厚，但淘练精纯，釉层厚润失透，有天蓝、月白、紫红等色，部分产品釉中含有微量的氧化铜，通过窑变，烧成的釉色或通体天青与彩霞般的紫红交相辉映，或红色与蓝色交融成美丽的玫瑰紫。釉面多见"蚯蚓走泥纹"和细小的棕眼，在器物的口沿、边棱等釉薄处显出黄褐色的"出筋"，器物底部釉薄而呈黄褐色。器型以各式花盆（图48）、过去一直称之为"洗"的盆托（图49）、出戟尊（图50）等为主，底部刻有一至十的数字标志，区别器物大小，用以与盆、托配套。"金代钧窑"制作不如"宋代钧窑"精致，器物种类比较丰富，釉以天青、月白为主，有的釉面还有红斑，红斑边缘与底釉消融。有圈足者通常圈足露胎而圈足底心涂釉（图51）。元代钧窑胎质粗厚，釉层厚浊，施釉不及底，垂釉如蜡泪，底足无釉露胎，釉色天蓝、月白交融，釉面红斑呈色呆滞。器物多见碗（图52），也有瓶、罐等。

钧窑的釉属于一种分相釉，造成分相的原因与釉的化学成分及烧造工艺相关。钧窑的釉属高硅低铝，且钙、锰总量及磷含量较高，这些都有利于分相的形成。在一定的烧造工艺和较慢的冷却速度下烧成时，会分离成两个成分不同、互不混溶的液相，其中一相以无数孤立小液滴的形式分散于另一个连续相中。钧窑天青釉所呈现的蓝色乳光就是无数小于0.2微米的微小液滴对可见光谱中短波光产生散射作用造成的。钧窑釉面的紫红色或紫红色斑块与以铜为主要着色剂的单色铜红釉明显不同，它除了铜之外还有铁，实际上是铜红与三价铁（Fe^{3+}）青色的合成色。

"宋代钧窑"多见于传世，主要是用于陈设的器型。但是钧窑不见于宋元文献，在所见最早的明代文献中，通常列于宋代名窑之后，似乎有把它列入宋代名窑的暗示。如明万历十九年（1591）高濂《遵生八笺》卷十四"论诸品窑器"中将钧窑列龙泉窑、吉州窑、建窑之下；明张应文（1595年卒）《清秘藏》卷上"论窑器"中则在"柴、汝、官、哥、定"诸窑之后，接着记述"均州窑"的特色。明（嘉靖、万历年间）项元汴《历代名磁图谱》首次明确称"宋均窑"，但其所列器物均与上述钧窑不同。清代文献中较普遍称为"北宋钧窑"，如清初孙承

图 48　15 世纪　钧窑玫瑰紫釉葵口花盆　故宫博物院藏

图 49　15 世纪　钧窑玫瑰紫釉鼓钉盆托　大英博物馆藏

图 50 15世纪 钧窑月白釉出戟尊
胡惠春、王华云捐赠
上海博物馆藏

图 51 金 钧窑红斑鸡心罐
上海博物馆藏

图 52 元 钧窑红斑碗 上海博物馆藏

泽（1592—1677）在《砚山斋杂记》中论窑器"窑器所传柴汝官哥均定可勿论矣"。乾隆年间的《南窑笔记》认为钧窑为"北宋均州所造"。乾隆三十九年（1774）朱琰《陶说》中即使用"官钧"一词。清嘉庆二十年（1815）蓝浦《景德镇陶录》："均窑，亦宋初所烧，出钧台。'钧台'宋亦称均州，即今河南之禹州也。"以后论著大多沿用此说。

对"宋代钧窑"的质疑始于20世纪30年代，日本学者尾崎洵盛在《宋元の陶磁》一书中认为这类器物"素有明代所制之说"；20世纪50年代，陈万里先生认为"钧窑继汝窑而起是在金人统治时代，那时是钧窑的黄金时代"，"这是在北方金人统治之下及元代一百余年间的产物"；英国学者布拉西尔·格雷（Brasil Gray）认为它们可能是15世纪的产品；20世纪70年代，英国玛格丽特·梅德利（Margaret Medley）女士根据这类钧窑与元代钧窑相比，胎釉相似而制作技术更为复杂的特点，认为其时代当在元末明初。

1974至1975年，河南省考古所对禹县钧台窑址进行了考古发掘，尽管没有找到不同时代的地层叠压，但是发掘者根据窑址附近发现的"宣和元宝"钱范，证明钧台窑址的时代在北宋。与此同时，有学者考订此类器物的烧制与北宋晚期朝廷建设皇家花园，即"花石纲"有关。

1996年台湾大学罗慧琪在其硕士论文《传世钧窑器的时代问题》中认为："钧窑陈设器不产于北宋。其时代应为14世纪晚期，即元末明初。"1997年北京大学李民举在《陈设类钧窑瓷器年代考辨——兼论钧台窑的年代问题》一文中得出结论："钧台窑遗物的造型特征，具有明显的元及明初风格，其时代亦应在此时期，即公元15世纪左右。"

由于窑址考古存在一定的局限性，一般认为，考察窑址时代主要基于窑址地层的相互叠压关系或者从有纪年的墓葬、窖藏中出土的典型器物两个基本条件。在1974年对钧窑的考古发掘中，未见到"北宋钧窑"与金代或元代钧窑地层相互叠压的关系；在2004年的考古发掘中曾经见到在一处灰坑中类似"宋钧"的标本叠压在元代标本之上。另外，在有纪年的宋代墓葬、窖藏中没有发现此类钧窑器物。因此，钧窑的宋、金、元三个时代的产品在考古学上的前后继承、发展关系并没有真正建立，北宋钧窑的年代判断没有直接的依据，现在看来间接的依据也值得商榷。

在这种情况下，上海博物馆于2005年对1974年和2004年两次考古发掘出土的"北宋钧窑"标本以及传统认为是金代和元代钧窑的标本运用"前剂量饱和指数法测定瓷器热释光年代技术"进行年代测定，得到结果如下：1974年出土的具有"北宋钧窑"特征的两件标本年代为距今约660年和630年（公元1340年和1370年左右）；具有传统"金代钧窑"特征和元代遗址出土、具有金代钧窑特征标本年代分别为距今约730年和720年（公元1270年和1280年左右）。与此同时，对2004年钧窑考古发掘出土的数十件标本进行年代测试，发现其年代趋势与上述标本基本一致，即陈设类钧窑产品的年代比传统认为典型的金代钧窑和元代钧窑的年代平均晚100年左右。

由此可以认为，将钧台窑生产的陈设类器物的时代定为北宋，既缺乏历史文献、考古资料的依据，在器物的时代风格方面也没有相应的时代根据；从制瓷工艺技术方面分析，也没有充分理由认为从技术含量高、制作精细向技术含量低、制作较草率发展的必然性；而热释光年代测定数据表明，它们的具体年代要晚于考古依据充分的元代钧窑，最早也不会超过元代晚期至明代早期。

2004年2月陕西省考古研究院对西安金代正大三年（1226）李居柔墓进行考古发掘，从出土的两件钧窑天青釉碗来看，施釉较厚，失透，碗的圈足底心施釉。李居柔为金代资政大夫，曾任陕西东路转运使行六部尚书。由此，可以认为一部分底心有釉的钧窑器物可看作是13世纪初金代晚期的产品。

景德镇御窑厂仿钧瓷器的制作是按宫廷发往景德镇的陈设类钧窑"旧器"实物仿烧的，因此相当一部分的特点与宫廷收藏的"官钧"基本一致，也有一部分的造型为新创，釉色与传统相比也有变化。景德镇从明中期开始生产仿钧瓷器，但时间十分短暂，旋即停止。清代雍正时恢复，仿品中既有玫瑰紫者，以盆托（鼓钉洗）最成功（图53）；也有加红斑者。虽然仿制极为精致，但雍正仿钧器为白胎，釉也较薄，与钧窑终究有别。乾隆仿钧则多见创新造型。清代景德镇仿钧均署本朝刻款。

图 53 清雍正 仿钧釉玫瑰紫盆托 故宫博物院藏

八、南方青瓷的重新崛起——龙泉窑青瓷与景德镇仿龙泉

自越窑衰落以后,南方青瓷生产一度陷于沉寂之中。地处浙江南部山区的龙泉窑很快发展起来,以它独特的风格成为继越窑之后中国青瓷工艺的又一个历史高峰。

关于龙泉窑始烧的年代,学术界历来有几种看法。有学者提出"龙泉窑开创于三国、西晋",有认为龙泉窑的出现是在五代以后。《中国陶瓷史》(1982年版)认为龙泉窑创烧于北宋早期,但对其初创的情况语焉不详。也有学者把北宋早期至南宋初期作为龙泉窑的"初创期"。

如果把龙泉及邻近地区开始烧造瓷器的时代看作是龙泉窑的开始,那么以上观点均可成立。但是,如果把所谓的"窑"理解为指一类与众不同的产品的话,那么所谓"龙泉窑"应该是其基本特点与其他窑场的产品有本质的区别,从而形成自成特色的体系的窑场。这样,就不能简单地把龙泉地区开始生产青瓷的时代与龙泉窑的开创时代等同起来了。进一步对龙泉地区三国、西晋时期墓葬或遗址出土的瓷器进行考察,不难发现无论在造型、纹饰方面都具有浓厚的越窑或婺州窑产品的风格。如果根据这些出土瓷器就得出龙泉窑开创于三国、西晋时期的结论,证据并不充分。唐代龙泉窑址所出标本则与越窑相类。要确定窑的创烧时代，须了解具有当地独特风格产品出现的年代。20世纪60年代和80年代浙江考古所对龙泉金村窑址进行调查，在金村附近共发现了16处窑址。除对第16号窑址进行了发掘之外，还调查了其余15处窑址。发现其中3处有早期的堆积，产品都是淡青釉青瓷。80年代初对金村窑址进行复查时，"在一处堆积断层中观察到五叠层现象，底层遗物是比较单一的白胎淡釉制品"。1976年在龙泉茶丰公社墩头大队出土一组器物最为典型，"胎壁薄而坚硬，质地细腻，呈淡淡的灰白色。通体施淡青色釉，釉层透明，表面光亮……多管瓶直口、圆肩、深腹，肩缘安装荷茎状的五管，管下贴一圈形若水波的堆纹，腹面划四重覆莲"（图54）。盘口壶器形较高大，造型为盘口、长颈、圆肩、鼓腹、圈足，有盖（图55），器盖做成荷叶形，顶部缀以荷叶相托的花蕾状钮，盖面荷叶的筋脉栩栩如生，自然成趣。颈部细长，肩部圆润，在颈肩相接处有泥片做成的双系。在腹部以二道堆塑的"木耳边"为装饰。这类青瓷的最大特点是胎、釉的颜色较浅，而且在造型和装饰等方面也显示出与其他青瓷窑场明显不同的特点。应该说，龙泉窑自此才开始形成了自己的独特风格。考古资料证明，以后龙泉窑青瓷正是在这类青瓷的基础上发展起来的，它们之间的承袭关系非常清楚。在未有新的考古资料的情况下，可以判断这类器物属于龙泉窑的早期产品。在此，暂且把这类龙泉青瓷称为"早期龙泉"，其时代为北宋初至北宋前期，即公元10世纪后期至11世纪前期。多管瓶、盘口壶和执壶等一批新器形的出现，标志着龙泉窑作为一个风格独特的青瓷窑场的崛起，以后的龙泉窑青瓷正是在这类青瓷的基础上发展起来的。多管瓶、盘口壶较为高大。造型流行瓜棱形。装饰以刻花为主，复线莲瓣、木耳边及流畅的线刻花卉、云气等纹饰为常见形式。圈足较浅、较厚，圈足内侧斜坦，外侧有一道浅弦纹以及足端的长条形垫烧痕为早期龙泉青瓷的特征。早期龙泉青瓷胎色近白，是与当地瓷土中氧化铁的含量较低有关，以后龙泉青瓷胎色渐深，是工匠为了衬托青釉而在胎料中添加紫金土所致。早期龙泉青瓷的釉色较淡的原因一是胎色浅，二是釉层薄而透明。龙泉地处浙江西南，与温州、婺州相邻，又与越州相距不远，因此，制瓷历史早于龙泉的瓯窑、婺州窑、越窑均对北宋龙泉窑产生了一定的影响，

图 54 北宋早期 龙泉窑多管瓶
浙江省龙泉市博物馆藏

图 55 北宋早期 龙泉窑盘口瓶
浙江省龙泉市博物馆藏

图 56 南宋 龙泉窑盘龙瓶 上海博物馆藏

其中越窑的影响较为深刻。

南宋以后，随着龙泉窑生产规模的扩大，其风格有了较大的变化，此时出现一种厚釉青瓷，通体不施花纹，而以美奂美轮的釉色博得人们的喜爱，被誉为"青瓷釉色顶峰"的粉青釉、梅子青釉就是其中的佼佼者（图56）。粉青、梅子青都是白胎石灰碱釉器，亦运用多次上釉、多次素烧的施釉工艺，釉层肥厚，在强还原气氛下，配合合适的烧成技术才能烧制成功。粉青釉滋润肥厚，色泽纯正淡雅，光泽柔和，质如青玉；梅子青釉则清澈透明，色泽青绿犹如翡翠。可以说，龙泉窑的粉青、梅子青釉已经达到青瓷烧制的历史高峰。南宋龙泉窑主要以釉色取胜，一般不再加其他装饰。器物有各种日用瓷和文房用品，还有一些仿古铜器和古玉器的造型，如鬲式炉、琮式瓶（图

图 57 南宋 龙泉窑琮式瓶 上海博物馆藏

57)、贯耳瓶等等。

元代龙泉窑成为当时重要的外销瓷生产基地，为了适应不同的市场需求，除了还继续生产一些南宋时的典型产品外，此时龙青瓷趋于大型化，且胎体比较厚重，出现了大盘、大罐、环耳瓶、凤尾尊、蔗段洗、高足杯等新的器型；又开始流行花纹装饰，除了传统的刻花、划花外，还出现了印花、堆花、贴花、镂刻、点彩等装饰工艺，印花有阴阳之分，贴花有釉上和釉下之别。上海嘉定元墓出土的一件贴花龙凤纹盖罐（图58）贴花在釉下，十分典型。露胎贴花是在釉上贴塑图案，烧成以后，贴花上无釉呈现砖红色，在青釉之上分外醒目，具有很强的装饰效果，成为元代龙泉窑独特的装饰形式（图59）。元代龙泉窑还出现了在青釉上褐色加彩（图60）和红色加彩产品，别具一格。

图 58 元 龙泉窑贴花龙凤纹盖罐
上海博物馆藏

图 59 元 龙泉窑露胎贴花龙纹盘
伦敦大维德基金会藏

图 60 元 龙泉窑点彩瓶
大阪市立东洋陶瓷美术馆藏

图61 明洪武 龙泉窑刻花牡丹纹大碗 故宫博物院藏

至明代，刻花逐渐成为龙泉窑主要的装饰手法。从明代初年洪武朝起，龙泉窑开始承担为宫廷烧制瓷器的任务，《明实录》中有关于朝廷让"饶州"（景德镇）、"处州"（龙泉）烧造瓷器的记载。2006年对龙泉大窑枫洞岩窑址进行了科学发掘，在明确的明代地层中发现与景德镇洪武青花、釉里红同样图案的青釉刻花瓷器，器型也类似，花纹如缠枝牡丹、扁菊花、莲瓣、龙纹等，器型如大碗（图61）、高足杯、大盘等。

龙泉窑是著名的外销瓷产地，其产品大量出口到日本、东南亚、欧洲各地。公元16世纪，龙泉青瓷第一次出现在法国的时候，人们为眼前优美的青瓷赞叹不已，就借助当时巴黎盛演的舞台剧《牧羊女亚司泰》中男主人公Celadon身着的华服来命名，从此"Celadon"就成了中国青瓷的又一个名称。

明清时期景德镇生产的青釉瓷器往往被认为是仿龙泉，始于明代永乐时期，釉色稍偏青绿，釉面较为光亮，又称之为"冬青釉"（图62），宣德产品底部署有青花款。正德时釉色浅嫩，多见碗类，外壁常见暗刻花纹。清代康熙时釉色匀净，常见刻花装饰。雍正朝青釉烧制最为成功，有粉青、冬青、豆青等，并有刻花、印花等装饰（图63）。以微量的氧化铁作为呈色剂的青釉瓷器，虽然具有悠久的历史，但是长期以来由于烧制技术不够稳定，青瓷的釉色难免有变化。到雍正朝青釉的烧制技术才真正成熟，这个时候能够做到保持产品釉色的一致性。

图 62 明永乐 景德镇窑冬青釉三系盖罐 故宫博物院藏

图 63 清雍正 景德镇窑粉青釉刻花龙纹缸 上海博物馆藏

九、被誉为"假玉器"的青白瓷

青白瓷的釉色白中泛青，故名之。青白瓷又被称为"影青"，是宋代以景德镇为代表的窑场烧制的一种具有独特风格的瓷器。景德镇青白瓷以瓷石为原料，经过粉碎、沉淀去除杂质后制胎，呈白色或灰白色。由于还不能完全去掉氧化铁的呈色干扰，釉色微泛青或泛黄。青白瓷釉由于釉灰用量多，因此釉能够充分熔融，透明度特别好，在釉薄处显示白中泛青，在刻花或者印花纹饰较深处由于釉层较厚，则显出水绿色，能够非常好地表现纹饰，时人称之为"假玉器"。

景德镇窑从唐代起就开始烧制青瓷，2010年以后先后发现了南窑和蓝田窑。五代以后，景德镇继续生产青瓷，并开始烧制白瓷，目前已经发现景德镇五代烧制白瓷的窑场有湖田、杨梅亭、黄泥头、白虎湾、盈田、湘湖、柳家湾、南市街等处。景德镇五代白瓷为白胎或灰白胎，釉色有白、白中泛青或泛黄，说明当时还不能完全摆脱氧化铁、氧化钛的呈色干扰，属于白瓷的初级阶段。可以认为，景德镇五代白瓷的生产，为以后青白瓷的发展奠定了基础。

传世的宋、元时代的青白瓷罕见，对景德镇青白瓷的认识主要依靠考古资料。至宋代，景德镇的制瓷规模大大扩展了，目前发现烧造青白瓷的窑址超过百处，主要分布在景德镇东北与东南的南河、小南河及东河流域。20世纪80年代中期至1999年，对景德镇最主要的青白瓷窑址湖田窑进行了多次科学考古发掘，发掘面积超过6千平方米，出土了数万件的瓷器标本，发现了大量的窑炉、作坊遗址，为认识景德镇青白瓷提供了丰富的资料。在发现的一件标本的底部刻有"……浮梁县丞臣张昂措置监烧"的题记，表明当时可能景德镇青白瓷曾经作为贡瓷。《宋会要辑稿·食货》卷有"瓷器库在建隆坊，掌受明、越、饶州、定州、青州白瓷器及漆器以给用"的记载，为景德镇在北宋时期曾经生产贡瓷提供了文献依据。窑址考古发现结合纪年墓出土的青白瓷，可以比较清楚地了解景德镇青白瓷的发展脉络。

北宋早期是青白瓷的初创时期，器型基本上承袭了晚唐、五代的风格，主要有碗、盘、钵、盒、注子等，碗、盘类器物圈足较矮，多见仿金银器或仿生造型，基本不见花纹装饰。大部分器物施釉不及底，釉较为乳浊，釉色泛黄、泛青或泛白。

北宋中期青白瓷已经成为景德镇的主导产品，出现了托盏（图64）、台盏、香熏、枕、炉、梅瓶等器型。碗、盘类器物圈足逐渐加高。据江西宋代纪年墓考古资料，由注子和温碗组成的注碗（图65）和堆塑龙、虎的长颈瓶（因用于随葬而称之为"魂瓶"）出现在北宋仁宗嘉祐年间（图66），注碗是宋代青白瓷的典型器型，而堆塑长颈瓶则一直流传到元代。这时青白瓷上开始流行花纹装饰，有刻花、印花、镂空、捏塑及褐色点彩等。产品胎质洁白致密，釉色青白淡雅，色质如玉，为世人所喜好。其烧制技术很快被传播，附近的南丰白舍窑、吉州永和窑、赣州七里镇窑纷纷仿效生产青白瓷，并且相继远播至安徽、浙江、福建、广东、广西、湖南诸窑，遂形成一个以景德镇窑为代表的青白瓷系。景德镇青白瓷采用渣饼垫烧法，垫饼含铁量高，在垫烧器物的底部常常留下深褐色的垫烧痕（图67），成为景德镇青白瓷的一个特征。

北宋晚期社会经济发达，直接促进了手工业和商业的发展，这一时期景德镇青白瓷生产数量最多，质量最高，达到发展的鼎盛期。景德镇如白玉般的青白瓷又被称为"饶玉"，其产品质量被誉为"薄如纸、明如镜、白如玉、声如磬"。宋代洪迈在《容斋随笔》卷四"浮梁瓷器"条引《彭器资尚书文集·送许屯田诗》中有"浮梁巧烧瓷，颜色比琼玖"句。蒋祈《陶记》："景德陶，昔三百余座埏埴之器，洁白不疵，故鬻于他所，皆有'饶玉'之称。"李清照《醉花阴》词中有"薄雾浓云愁永昼，瑞脑销金兽，佳节又重阳，玉枕纱橱，半夜凉初透"句，"玉枕"可能就是色质如玉的青白瓷枕（图68）。此时，瓷胎洁白致密，碗、盘等器物口沿往往薄如蝉翼，细薄处可以透光；釉色纯正淡雅，釉质晶莹温润、冰清玉润、透明度高，与釉下流畅的花纹相映衬，有青白玉的质感（图69）；装饰刻划花纹，有缠枝花卉、云气、飞凤、婴戏、莲瓣、篦划等。温碗、香熏、粉盒等则采用刻划、镂雕、贴塑、点彩等多种工艺装饰。

此时装烧工艺开始出现覆烧法（图70），即以支圈为窑具，碗盘类器物口沿朝下放在支圈的凹槽内，支圈层层相叠，形成一个相对密闭的

图 64 宋 景德镇窑青白瓷托盏 上海博物馆藏

图 65 宋 景德镇窑青白瓷注碗 上海博物馆藏

图 66 北宋嘉祐二年（1057）
景德镇窑青白瓷堆塑瓶
江西省博物馆藏

图 67 宋 景德镇窑青白瓷碗（足底）
上海博物馆藏

图 68 宋 景德镇窑青白瓷婴戏图枕
上海博物馆藏

图 69 宋 景德镇窑青白瓷刻花碗 上海博物馆藏

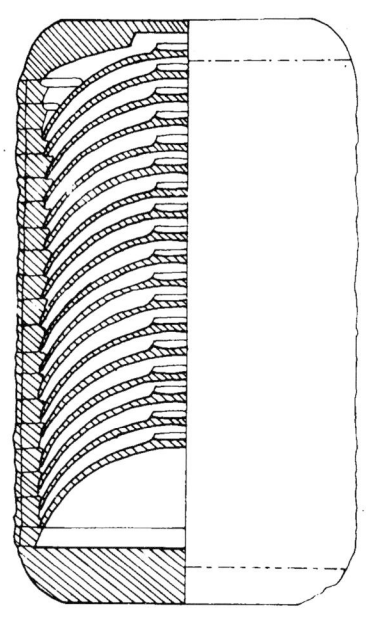

图 70 覆烧法图示

图 71 南宋嘉定二年（1210）景德镇窑青白瓷刻花碗 江西省博物馆藏

空间。这种来自北方定窑的装烧方法可以提高窑炉空间的利用率，极大地提高瓷器烧制的效率，同时可以使器物更加轻薄、不易变形，唯一的缺陷是器物口沿无釉，称为"涩口"或者"芒口"，在一定程度上影响使用，考究的会在口沿上包金、包银或包铜（图71）。由于覆烧法来自于定窑，因此有认为景德镇青白瓷是仿定窑产品，称之为"南定"。

宋代景德镇青白瓷品种繁多，造型丰富，每种器物有很多款式。注碗和托盏是流行的酒具。随着佛教在民间盛行，景德镇窑顺势而为，生产的佛教造像成为市场的宠儿，上海博物馆收藏的一件青白釉观音像，头戴高冠，面目清秀，两眼欲闭还睁。右手平伸翻掌，左手下垂抚膝，安详端坐。衣纹起伏自然，线条简洁流畅。涩胎部分以红、蓝、金等色彩绘，唯披巾及部分璎珞施青白釉。底座有墨迹题记"大宋淳祐十一年辛亥"，即1251年（图72）。盒子的种类繁多，有圆形、拱形、花瓣形、菊花形等，其中一部分应该是香料盒或者粉盒（图73）。

宋代的对外贸易十分兴盛，其中出口的大宗商品是茶叶、丝绸和瓷器，从南洋进口的主要是香料，包括乳香、沉香、丁香、龙脑香等。有的瓷盒上有作坊的印记，如"汪家合子记""许家合子记""段家合子记""张家合子记""吴家合子记"等等，说明当时景德镇已经出现专门生产瓷盒的作坊，有了初步的社会分工。宋代景德镇瓷器生产组织的变迁促进了当时的瓷业发展，《陶记》等文献也证明当时景德镇"陶工、匣工、土工"各有分工的情况，生产的质量、效率都大大提高了。社会分工是提高社会生产效率的有效组织形式，这比其他国家领先了好几百年。

青白瓷在北宋初期出现以后，成为市场上十分畅销的商品。远至北方的辽代墓葬中发现用青白瓷陪葬，也为南方各阶层所使用。同时通过贸易远销日本、高丽、东南亚、中东乃至非洲各国。

进入南宋，赵宋王朝偏安江南，北方人口大量南迁，推动了经济中心的南移，临安（杭州）成为繁华的都城，南宋人吴自牧《梦粱录》主要介绍临安城的风貌，在卷十三"铺席"条有"杭州大街……黄草铺温州漆器、青白瓷器"的记载。此时的景德镇瓷业延续了北宋时期的辉煌，产品数量和质量一如以往。覆烧法更加流行，除了支圈覆烧之外，还出现碗形的多级垫钵，即在钵的内壁有依斜度逐级内收的凹槽，自下而上放置由小而大的碗盘类器物，上面加盖就是一个完整的匣钵。器物从高大的梅瓶到几厘米的水盂、粉盒、砚滴，从陈设器到日用器，以及围棋、象棋、瓷塑玩具、文房用品等等无所不包、应有尽有。还

图 72 南宋淳祐十一年（1251）
景德镇窑青白瓷观音像
上海博物馆藏

图 73 北宋皇祐五年（1053）
景德镇窑青白瓷点彩盒
江西省博物馆藏

出现了一些仿先秦青铜器造型的器物，鼎式炉、鬲式炉、尊式瓶等等，与当时文人中尊古、仿古风气盛行有关。南宋中期以后，随着覆烧器物的大量增加，使造型变得规范有余而灵巧不足，花纹装饰仍然是多种技法并存，但是印花工艺更为盛行。南宋晚期，器物胎质较为疏松，不如以前细腻，釉色虽然仍有不错的水绿色产品，但是透明度和光泽度有所减弱而较多出现泛黄、发灰的现象。

至南宋晚期，景德镇青白瓷逐步衰退。究其原因，一是宋室南渡，中国北方尽为金人所占。宋金对峙，商务不通，景德镇瓷器失去北方广大市场，市场缩小，生产受阻。金代纪年墓出土景德镇瓷器数量极少可资证明；二是南宋中期以后，景德镇屡遭天灾，在1188至1223年的35年间，大水三次，饥荒七次，对于景德镇窑业影响之巨可以想象；三是当时政府依照窑的长度课税，为提高烧制效率，景德镇窑场覆烧工艺大为盛行，器口有芒"不堪用"，且支圈组合覆烧窑具致瓷器釉面不及北宋时光润，品质下降，竞争能力削弱。另外，临近景德镇的临川、南丰及福建建阳、三明、安徽繁昌等地均仿景德镇生产青白瓷，景德镇本已失北方市场，所余又为各地夺其部分，竞争之余，利益菲薄，投入能力减弱，生产必然相应受影响。考古资料证明南宋以后仿制青白瓷的窑场远远不止以上各处，其所受竞争之压力可想而知。

元代，景德镇在新产品迭出的同时，青白瓷依然维持生产，产量、质量均有所下降。青白瓷胎体开始采用瓷石加高岭土的二元配方法，胎中氧化铝含量明显增加，烧成温度相应提高。因胎中高岭土含铁较多，远不如宋代洁白，胎体透光性较差，胎质较为粗厚。釉中的铁的含量由宋代的0.99%增高到2.33%，釉层厚且乳浊，多为泛黄发灰，积釉处呈青绿色，其质地已经完全无法与前代相比。造型风格由宋代的轻巧挺拔演变为厚重饱满，常器物有碗、盘、瓶、罐、炉、壶、枕等，出现了折腰碗、高足杯、动物形砚滴、扁壶、多穆壶、僧帽壶、匜、连座瓶等新的器型。出现大型器物，流行多层装饰。器物附饰增多，常见有S形双耳、器下连座、铺首衔环等。碗、盘多为覆烧芒口器。瓶、罐等采用分段制作，粘合成形，接痕明显。装饰有刻花、划花、印花、点彩和缀珠等技法。刻花刻痕较深，印花纹样繁缛。由小圆珠串联成的缀珠纹，为元代景德镇窑青白瓷独有的装饰（图74）。

图74 元 景德镇窑青白瓷缀珠纹玉壶春瓶 首都博物馆藏

第二章
如雪似冰的白瓷

瓷器中国

PORCELAIN
THE STORY OF CHINA

一、白瓷的滥觞——北朝、隋代白瓷

白瓷并不是在瓷胎上施一层白色的釉，而是用尽可能去除氧化铁等杂质的瓷土原料作胎，施以纯净的透明釉，经高温烧制而成的。生产白瓷要求较高的原料制备技术，尽管长沙东汉墓中曾经出土几件"早期白瓷"，但尚不能算作真正的白瓷，因此我国制作白瓷的历史要到北朝晚期才真正开始。

白瓷是在青瓷的基础上逐步发展起来的，最明显的特征在白瓷的发展过程中其胎釉中氧化铁的含量是逐步减少的。表明当时制瓷工匠逐步掌握了把原料中的包括铁在内的杂质尽可能去除干净的技术。当原料制备技术发展到一定程度，从而克服了铁元素的呈色干扰时，白瓷才得以脱离青瓷而自成类型。

白瓷发源于北方，这与北方的制瓷原料中含铁等影响呈色的金属元素较少密切相关。河南、陕西等地北朝的遗址和隋代（6—7世纪）墓葬中皆出土有早期白瓷。在河南孟津发现的北魏永平四年（511）邙山墓葬中曾经发现一件白瓷盘的残件，这是最早的北朝白瓷。河南安阳北齐武平六年（575）范粹墓出土的白瓷有碗、盘、罐（图75）、瓶等，是目前发现有可靠纪年的早期白瓷的代表，它的釉色白中泛青黄，尚未完全排除氧化铁的干扰，还处于初级阶段。同样在河南安阳，相隔20年以后隋代开皇十五年（595）张盛墓中发现了一批白瓷，有罐、壶（图76）、瓶、炉等，胎、釉质量较范粹墓白瓷有了很大进步。隋代白瓷以陕西西安大业四年（608）李静训墓和大业六年（610）的姬威墓出土的白瓷为代表，其中以龙柄双联瓶、龙柄鸡头壶及筒形盖罐（图77）最精，胎体白度较高，釉面光润，已经基本不见明显白中闪黄或闪青的迹象。这些考古材料为我们描绘出了早期白瓷的基本面貌和发展轮廓。

二、统领唐代瓷业半壁江山——邢窑白瓷

邢窑生产白瓷从隋代开始。在邢窑隋代灰坑中曾经发现一些胎质非

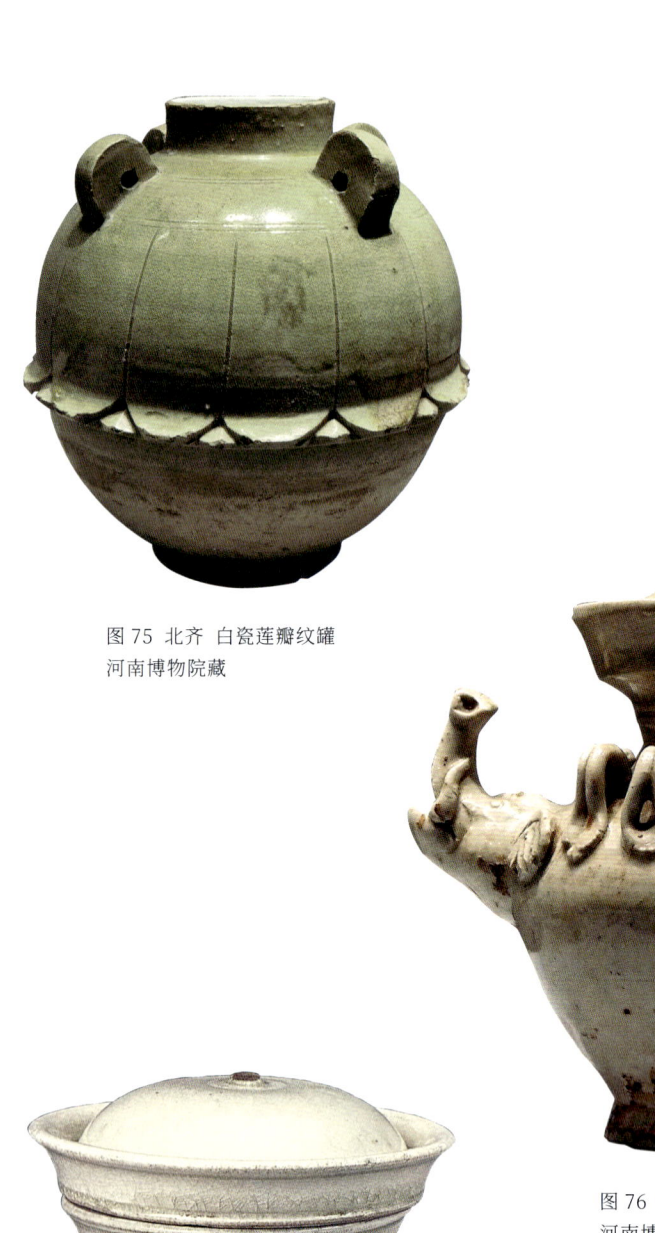

图 75 北齐 白瓷莲瓣纹罐
河南博物院藏

图 76 隋 白瓷龙柄象首壶
河南博物院藏

图 77 隋 白瓷筒形盖罐
陕西历史博物馆藏

常细白的"透影白瓷"的标本。据分析，其胎中氧化铝的含量偏高，当时的工匠在胎料中加入了大量的长石，并且在釉料中加入一定比例的石英。如果对器物器壁进行刻意减薄，就可以达到透光的效果，以此证明隋代邢窑的制作水平已经达到相当的高度。到唐代，邢窑已经成为生产白瓷最著名的窑场，与越窑青瓷并称为"南青北白"。陆羽的《茶经》中对瓷器的评论中还有"邢州处越州上"句，可见其在唐代的地位。邢窑窑址在河北省内丘、临城一带，内丘时属邢州，故名，与文献记载相符。邢窑始烧于隋，盛于唐。李肇《国史补》有云："内丘白瓷瓯，端溪紫石砚，天下无贵贱通用之。"足见当时邢窑产品在全国瓷业中具有举足轻重的地位。这种状况直到唐末五代发生变化，由于定窑的兴起，邢窑日渐衰弱，其地位逐渐被定窑取代。

邢窑白瓷可以分为两类，一类为精细产品，胎体轻薄，胎质坚实致密，胎土细腻洁白，瓷化程度高，叩之有金属声。唐代段安节在《乐府杂录》中有"用越瓯、邢瓯十二，施加减水，以筯击之，其音妙于方响"的记载，可见胎质坚硬的瓷器可被当作乐器使用。这类白瓷釉质莹润，釉色晶莹洁白或略带乳白，釉面很少开片，但时有流釉。胎薄，制作极为规整。器型以各式碗最多，还有盘、杯、执壶、背壶（图78）、皮囊壶、盖罐、瓶、粉盒等。玉璧底碗底心施釉，足底露胎部分极为光滑，有的器物底部刻有"王""盈"字，应该是王府、宫廷的定烧器。在内蒙古阿鲁科尔沁旗发现辽会同四年（941）去世的耶律羽之墓出土的白釉皮囊壶（图79）属矮身横梁式，其渊源可追溯到唐代，胎质细白，釉色洁白而莹润。20世纪80年代初对河北邢窑窑址进行调查时，在临城祁村窑址发现同类皮囊壶，胎质细腻，胎色洁白，釉质晶莹（图80），因此这件10世纪中期辽代重臣墓葬出土的皮囊壶应该是邢窑的产品。在陆羽《茶经》中形容"邢窑类银类雪"的制品，就是指这类产品。邢窑细白瓷还作为地方特产向朝廷进贡，在河北邢台发现的一合《唐故赵府（希玩）夫人（刘氏）墓志铭叙》上，有"季子公素食粮进奉瓷窑院"句，即赵希玩的三儿子赵公素在"进奉瓷窑院"供职。依新、旧《唐书》记载，"进奉"是"正额租庸"之外官僚对帝王的额外贡献，"进奉瓷窑院"应该就是地方官僚设立的专门管理贡瓷生产的机构，说明唐代邢

图 78 唐—五代 邢窑白瓷背壶
上海博物馆藏

图 79 辽 邢窑白瓷皮囊壶
内蒙古博物院藏

图 80 唐 邢窑白瓷皮囊壶 临城遗址出土
河北临城文管会藏

图81 唐 邢窑白瓷"翰林"款罐
陕西历史博物馆藏

窑已经作为"贡瓷"进贡朝廷作为御用或者官用瓷器了。在西安出土的一些邢窑白瓷上有"盈""翰林"款（图81），就是进奉给储存御用品的"百宝大盈库"和翰林院的用瓷或者是定烧器物。据《旧唐书》记载，在唐天宝年间："每岁进钱百亿，宝货称是。云非正额租庸，便入百宝大盈库，以供帝宴私赏赐之用。"这些贡瓷在贡余之后也可以进入市场，具有商品的属性。1998年在印度尼西亚爪哇岛近海发现的唐代"黑石号"沉船中就发现了刻有"盈"字款的瓷器。邢窑生产的还有一类粗瓷，胎粗厚，呈灰白色，大多施化妆土，釉色白中闪黄，器内满釉，器外施釉不及底，主要供民间日用。

关于邢窑的窑址，目前在河北省的临城和内丘都有发现，考古资料表明，内丘是唐代邢窑的中心窑场，这与文献"内丘白瓷瓯"的记载相一致。"黑石号"沉船中发现的白瓷和白地绿彩瓷器，从工艺看大部分应该是邢窑生产的，说明当时邢窑产品也参与了对外贸易。

邢窑的白瓷生产随着定窑的兴起而衰落，北宋时期虽然还维持生产，但是规模和产量都大大降低了。

三、宋代白瓷之冠——定窑白瓷

定窑是继邢窑而起的著名白瓷窑场，宋代五大名窑之一，中心窑址在今河北省曲阳县涧磁村，宋代属定州，故名。定窑创烧于唐，其前身曲阳窑是晚唐及五代时期的重要瓷窑之一，以生产白瓷为主，产品有精粗之分，精细的白瓷都不施化妆土，胎色白而细腻，釉面柔润，是唐代唯一可与邢窑媲美的白瓷窑场。2009至2010年对定窑进行了考古发掘，报告显示在9世纪中期的唐代晚期，定窑已经可以生产质量非常好的白瓷。五代以后，定窑迅速崛起，并逐渐取代邢窑成为北方白瓷之最。1997年在河北曲阳涧磁村一座晚唐五代墓葬中发现的一件白釉凤首壶（图82），造型挺拔，为仿萨珊银壶风格，胎质洁白坚硬，通体满釉，釉质晶莹光润，白中微微泛青，积釉处呈青绿色，为晚唐五代定窑中的精品。北宋、金代定窑继续发展，刻花、印花工艺精湛，刻花的疏朗洒脱、印花的满密规整，成为宋代白瓷之冠，并且形成了南北窑场竞相模仿定窑的局面，出现了以河北井陉，山西平定、孟县、阳城、介休以及四川彭县等窑场为代表的庞大的定窑系。与此同时，景德镇窑亦出现了仿制定窑的产品，是为"南定"，因其釉色白中闪青，又称为青白瓷或影青。

宋、金是定窑生产的黄金时期。其产品以白釉为主，兼烧褐釉、黑釉和低温绿釉瓷器，也称"白定""紫定""黑定"与"绿定"。

定窑的胎土一般多经过精心淘洗，"土脉细，色白而滋润"，故器物都不施化妆土，器物胎壁厚薄均匀，近口沿处尤薄。白釉略带牙黄色，俗称"象牙白"，釉面往往有流淌痕，俗称"泪痕"。定窑瓷器的胎体修削得十分精细，器物外壁往往有修坯时留下的旋削痕，有"竹丝刷纹"之说。定窑白瓷器物以各式盘、碗、瓶、罐、枕等日用器为多。瓷塑技艺达到新的高度，形态可爱的孩儿枕（图83）是其代表作，造型新颖脱俗，雕塑技巧高超。

宋代和金代的墓葬、塔基出土的定窑瓷器为定窑的断代、分期提供了重要的依据。虽然其烧制瓷器的历史可以从唐延续到元代，但是生产定窑类白瓷应该不早于晚唐五代而终于金。北宋早期流行立体感较

图 82 唐 定窑白瓷凤首壶
河北博物院藏

图 83 北宋 定窑白瓷孩儿枕
故宫博物院藏

强的浮雕和模印贴花的莲瓣纹装饰，风格严谨，以河北定州北宋太平兴国二年（977）静志寺塔基地宫和至道元年（995）净众院塔基地宫出土的一批定窑瓷器为代表，其中净众院出土的一件刻花龙首流净瓶高达60.9厘米，造型修长挺拔、规整，胎质洁白，施满釉，釉色乳白，有垂釉；至上而下布满刻花，有仰覆莲瓣、竹节、缠枝花卉等，纹饰精细流畅，肩部有龙首短流，为北宋初年定窑瓷器的代表作（图84）。北宋中期刻划花尤为盛行，线条流畅，风格崇尚自然（图85）。印花装饰也在此时悄然兴起，图案以萱草、水禽、花果多见。北宋晚期印花技法达到高峰，在宋代同类装饰中首屈一指，不仅模印手法高超，而且脱模技艺也相当精湛，纹饰布局借鉴了著名的定州缂丝，题材丰富，线条清晰，布局繁密严谨，层次分明（图86）。金代定窑亦以印花装饰为主，图案有各式花卉、龙纹等。

在装烧方法上，从北宋中期起定窑首创覆烧工艺，这种装烧工艺主要运用于盘、碗类器物，烧造时器物需倒扣在垫圈上层层向上叠，即省力又省原料，还可增加装烧量。采用覆烧工艺烧成的器物底足满釉而口沿无釉，称为"芒口"，为克服芒口给使用带来的不便，往往在器物的口沿用金、银或铜等金属包镶，俗称"金扣""银扣""铜扣"。定窑覆烧工艺不仅大大提高了窑炉的生产效率，而且可以使器物做得更加轻薄，不易变形，促进了宋代中国瓷业的大发展。传世的定窑褐釉、黑釉瓷器上偶见有金彩装饰，属极为珍贵的品种（图87）。

定窑瓷器铭文中刻"官"字款器物出土数量最多。这些器物多出土于五代末到北宋前期的墓葬和塔基中，在浙江、湖南、河南、陕西、河北、北京、辽宁和内蒙古等地均有出土，其中河北定县两座塔基出土"官"字款器就达十七件之多。这种带"官"字款的器物绝大多数是碗、盘，也有少量的壶和罐。刻"新官"（图88）字款的器物发现数量较少。目前，在瓷窑遗址中出土有"官"字款白瓷器标本的主要见于定窑和邢窑，而出土"新官"字款瓷器标本的仅见于定窑。刻"尚食局""尚药局"款白瓷，是北宋后期定窑为宫廷负责皇室饮食和医疗的机构专门定烧的器物。《宋史·职官志四》载："殿中省……凡总六局：曰尚食，掌膳羞之事；曰尚药，掌和剂诊候之事……"定窑遗址出土

图 85 北宋 定窑白瓷刻花莲花纹碗
上海博物馆藏

图 86 北宋—金 定窑白瓷印花龙纹盘
顾恺时、成言嘉捐赠 上海博物馆藏

图 84 北宋 定窑白瓷刻花龙首流净瓶
河北省定州市博物馆藏

图 87 北宋 定窑酱釉金彩碗 东京国立博物馆藏

图 88 北宋 定窑白瓷"新官"款花口盘 上海博物馆藏

此类标本多件，从器型看，"尚食局"款瓷器皆为盘、碗类饮食器，而"尚药局"款瓷器多是盛放药品的盒子，用途与字款相符。定窑铭文中有一些与王府和官府机构有关，例如"五王府""定州公用""食官局正七字""会稽"和"易定"等。刻"五王府"款定窑白瓷当是北宋时期王府定烧的瓷器。早年流散到国外的定窑"定州公用"款白釉盘，当为定州某官衙所使用。传世定窑白瓷中还有一些带宫殿名称的字款，这些铭文是瓷器到达宫廷后，由当代或后世宫廷玉工所刻，铭文大都与宫廷建筑有关，如"奉华""德寿""凤华""慈福""聚秀""禁苑""华苑""寿成殿"等。

四、元代的官用白瓷——景德镇枢府卵白釉瓷器

从元代开始，景德镇逐渐成为全国制瓷业的中心。卵白釉瓷是元代景德镇窑在青白釉的基础上新创烧的一种高温白釉瓷器，器物胎质细腻洁白，胎体与青白瓷相比显得厚重，碗、盘类器物的底足更为厚重。釉乳浊失透，呈白中微泛虾青色调，因釉色似鸭蛋，故名。蒙古草原民族素有"尚白"的风俗，因此它为元代官府、朝廷所喜爱。元代卵白釉瓷器胎中氧化铝的含量增加，说明已经在原料中加入了高岭土，提高瓷器的烧成温度。釉用釉果与釉灰配制而成，釉果是一种风化较浅的瓷石，含有长石、石英和绢云母，其钾、钠含量高，同时减少了釉灰用量。釉料配制改变后，钙含量大幅降低，钾、钠成分成倍增加，遂从传统的石灰釉变为石灰碱釉，提高了釉的粘度，釉质较厚且润泽失透。卵白釉瓷器器型以碗、盘、高足杯居多，还有执壶、炉、瓶以及罐、爵、觚、匜、鸟食罐、双联罐、盏托、净水碗等。最为常见的是折腰碗（图89）。另外还有敞口碗、花口碗、斗笠碗、墩式碗。盘以小圈足盘为多，其足径在3.5厘米至5厘米之间，口足比为3∶1左右，内壁有印花。高足杯的杯身有深有浅，有敞口、撇口、多棱之分。高足有高有矮，有的呈竹节形。卵白釉瓷器以印花为主要装饰技法，且多在器内印花，由于印纹比较圆润，加上釉厚失透，因此纹饰并不十分清晰。图案题材以

图89 元 景德镇窑卵白釉印花折腰碗
上海博物馆藏

图90 元
景德镇窑卵白釉印花龙纹高足杯
上海博物馆藏

缠枝花卉纹常见，还有精细的云龙（图90）、云凤、云鹤、孔雀等，龙有三爪、四爪、五爪。《元史·舆服志》："双角五爪龙臣庶不得使用。"可见凡印有五爪龙的器皿当为宫廷用瓷无疑。有的还印有"枢府"（图91）、"太禧""福禄"等字样，铭文通常在器物内壁相对应的两侧，应分别是元朝政府机构"枢密院""太禧宗禋院"的简称，因此，它们是元代官府或朝廷定烧的瓷器。一般印有字款的器物在胎釉、制作工艺上均较精湛，与明《新增格古要论》记载"元朝烧小足印花者，内有枢

图 91 元 景德镇窑"枢府"款印花盘（局部）上海博物馆藏

府字者高"的记载相一致，带"枢府"铭的卵白釉器在明代人眼中已是十分珍贵的佳作了。卵白釉的制作从元代一直延续至明代早期。

关于印有"枢府""太禧"等字样及有五爪龙纹器物的性质，有学者认为是元代官窑的产品，理由是在至元十五年（1278），朝廷在景德镇设"浮梁瓷局"，这是专为元廷生产御用瓷器的机构，属官窑性质，这些枢府卵白釉瓷器当属"浮梁瓷局"所烧造。但是从"浮梁瓷局"设置的管辖范围是"掌烧造磁器，并漆造马尾棕藤笠帽等事"的职能来看，"浮梁瓷局"应该是当时管辖一方手工业生产的机构，或兼有为朝廷定烧、官府贡瓷等官用瓷器和其他手工业品及课税的功能。另外，在韩国新安海底发现的元代沉船中发现了一批景德镇窑的卵白釉瓷器，其中就有印花五爪龙纹，这说明官府定烧的瓷器若有多余也可以作为商品进入市场。从考古发现看，印花五爪龙纹的卵白釉瓷器在湖田和镇区的多个窑址发现。有学者认为"元代的官窑与明代独一的官窑不是一个概念，元代的官窑如果存在的话，它实际就是一个作为管理机构的'浮梁瓷局'，景德镇所有的元瓷作坊都要受浮梁瓷局的管理，都可能要承担官廷下派的烧造任务，而没有任务的时候他们就可以自由地为海内外市场生产"。这样的制瓷作坊的性质应该是民营的。

五、举世无双的白瓷——永乐甜白瓷

进入明代以后，景德镇瓷业发展进入一个新的时期，其标志是洪武三十五年朝廷在景德镇设置了专门生产御用瓷器的御器厂，制瓷技术逐渐趋于巅峰。永乐时期景德镇御器厂生产的白瓷胎质细腻洁白，轻薄似脱胎，光照见影；釉层肥厚纯净、温润肥腴、柔和甜美，通体满釉，仅足端处无釉、足墙转折处釉色白中微微闪青泛黄，给人一种"甜腻"的感觉，故称之为"甜白"。科学测试表明，永乐白瓷胎中铁、钛等呈色元素的含量已被严格控制到最低，分别为0.7%和0.05%；釉中钾、钠的含量增加，分别为5.34%和2.7%，而钙的含量则从景德镇传统白瓷石灰釉的10%以上减少到2.5%左右，这在景德镇历代白瓷中是唯一的。这样釉在烧成中具有较高的粘度，从而产生晶莹滋润的效果，成为一代传世佳品。从显微结构看，永乐甜白釉中存在大量固体微粒，其中大部分是残留石英、云母及长石。此外，釉中有大量的小气泡，这些会使入射光产生强烈散射，釉便显得更加乳浊。碗（图92）、盘、高足杯等小件器物四周的胎壁极薄，达到光照见影的程度；瓶、罐、扁壶（图93）、僧帽壶等胎较厚。一部分器物上多有暗刻或印花花纹，以各种花卉、瓜果、八宝等为多，也有龙、凤等。纹饰极为精细、含蓄雅致。由于釉厚，往往需要迎光透视才能看清细部（图94）。少数器物底部有"永乐年制"四字篆书刻款。甜白的烧制成功，是中国白瓷制作工艺达到顶峰的标志。

由于永乐甜白瓷的声誉极高，后代多有仿制，尤以清代康熙、雍正朝为多。鉴定其真伪，除了观察其造型、纹饰等时代特征之外，还可以从工艺上加以区别，永乐器釉层肥润，白中微微闪青，而仿品釉层洁白有余而不见闪青；永乐器碗盘类器物薄胎，如迎光照看，四壁薄而透亮，接近器物底部由于胎渐厚而不透，而清仿则器壁及底部均为薄胎透亮。

图 92 明永乐 景德镇窑甜白釉龙纹碗
上海博物馆藏

图 93 明永乐
景德镇窑甜白釉扁壶
上海博物馆藏

图 94 明永乐
景德镇窑甜白釉龙纹碗（细部）
上海博物馆藏

六、被誉为"鹅绒白"的德化白瓷

德化窑位于福建德化，自宋代起烧造青白瓷，白瓷始烧于明代后期，并成为明清时期中国具有代表性的白瓷品种之一。产品不仅在国内广受欢迎，还大量用于外销。德化白瓷所用瓷土为高硅低铝，胎中氧化铁、氧化钛含量极低，通常只有0.18%和0.10%；与此同时，胎中氧化钾含量则比较高，达到6%至7%，烧结充分，烧成后胎质致密，形成较多无色玻璃相，气孔率很低，因此透光性好，迎光透视其胎色纯白微显肉红色，为历代白瓷中白度最高的一个品种；釉中铁、钛低而钾高，属于在高温中较为粘稠的石灰碱釉，釉质光润如凝脂，在光照下釉色白中隐约呈现乳白或牙黄色，有"猪油白""象牙白"之称。明清之际外销欧洲深受欢迎，法国人称之为"鹅绒白""中国白"。德化窑白瓷器型有器皿

图95 明 德化窑白瓷鼎式炉 故宫博物院藏

图96 明 德化窑白瓷双螭壶 上海博物馆藏

和雕塑两大类，器皿主要是各类供器和日用瓷，供器如各式烛台、香炉（图95）、花瓶及仿玉、仿青铜礼器、犀角器造型的供器。日用瓷主要是各式执壶、酒杯等，如双螭壶（图96）、扁形壶、梅花杯、海棠杯、仿犀角杯等。此外还有各式文具、乐器等。装饰多见透雕、浮雕等手法，具有立体感。德化窑瓷塑久负盛名，多见佛、道神像，如观音（图97）、达摩、弥勒、文昌、妈祖等造像，制作精良，形象传神逼真，有很高的艺术价值，不仅能形象地表现外貌，还兼顾神韵，注重细节的刻划，具有强烈的真实感和高度的艺术性。背部往往钤有明代晚期著名瓷塑家何朝宗、林朝景、张素山等瓷塑名家的名章，以何朝宗最为著名，其作品是难得一见的珍品。

清代，德化窑继续生产白瓷，与明代相比其釉色更白，却不如"猪油白"那般滋润。

图 97 明 德化窑白瓷"何朝宗"款观音像 上海博物馆藏

第三章
深邃俊美的黑瓷

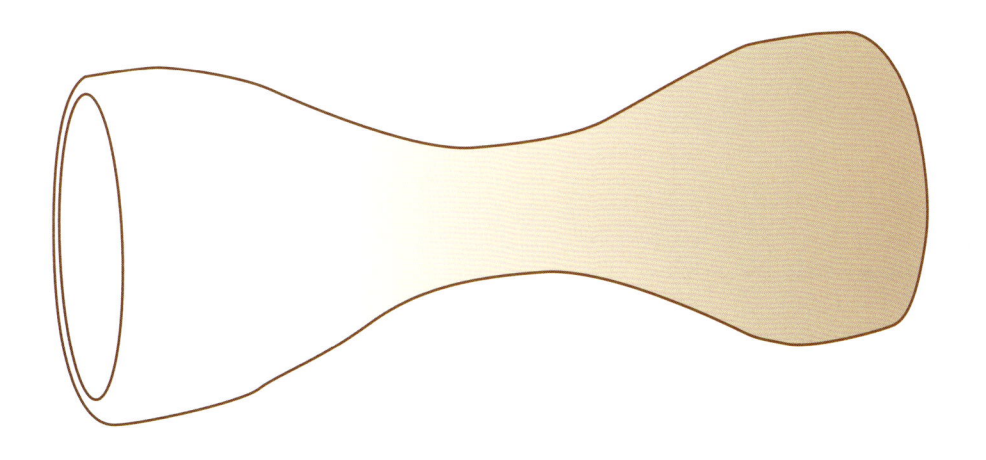

瓷器
中国

PORCELAIN
THE STORY OF
CHINA

一、黑瓷的起源——汉代黑瓷

当人们认识了青釉的呈色原理之后,便进一步认识到,如果增加釉中氧化铁的含量,在还原气氛中就能够烧成黑釉。东汉中后期,浙江青瓷成为真正成熟的青瓷,黑瓷也登上了历史舞台,成为瓷器生产的一大门类。早期的黑釉与青釉往往同出一窑,只不过黑釉釉色还不够深,呈深褐色。江苏丹阳东汉永元十三年(101)墓出土的黑瓷小罐(图98)是目前所见最早的黑釉瓷器。黑釉的出现与釉中铁和钛元素含量的高低直接相关,与釉层的厚度也有关系。一般来说,青釉中氧化铁和氧化钛的含量在2%至3%之间。当超过3%时,釉的颜色就能从深棕色、深褐色渐变到黑色。当铁、钛含量高达7%至10%时,呈现出来的黑褐色我们就称之为黑釉。此外,较厚的釉比较薄的釉显得更黑。在浙江宁波、上虞、德清等地的东汉窑址中,普遍发现在烧造青瓷的同时兼烧少量酱褐釉、黑釉瓷器,其黑釉中铁、钛的含量在6%以上。器形有印纹罍、五联罐、钟、盘口壶、蒜头壶、水盂、杯、虎子等。东汉末至三国时期的德清县黄角山窑是一处专烧褐釉、黑釉瓷的窑场,以烧制大型罐、罍为主,胎质较粗,有的色黑如漆,说明其黑釉配制技术已经很稳定。

黑瓷的创烧如青瓷一样成为人类文明史中辉煌的一部分。

图 98 东汉永元十三年(101)黑瓷小罐
江苏省镇江市博物馆藏

二、六朝黑瓷的代表——德清窑黑瓷

德清位于杭嘉湖平原的西部，与余杭、吴兴为邻，北连太湖，西枕天目山麓，地处长三角腹地，水陆交通便利。继东汉开始生产黑釉瓷器之后，东晋至南朝时期，德清窑成为当时最重要的黑釉产地。在德清县及毗邻的余杭县发现大量东晋至南朝时期窑址，在六朝的一些纪年墓中也发现德清窑黑瓷。德清窑黑瓷的胎多为砖红色、紫灰色或浅褐色，氧化铁含量在3%以上，较深的胎色有利于黑釉的呈色。单色黑釉，釉中氧化铁含量达8%左右，加上釉层浑厚滋润，色黑如漆，有的釉面有开片。由于烧成温度与气氛的不同，釉色有深棕至黑色的变化。由于釉色深浅随釉层厚度变化，因此在器物口沿或者折角釉薄处经常出现透出较浅胎色的"出筋"现象。器形有：碗、碟、盘、砚、耳杯、鸡首壶（图99）、盘口壶（图100）、熏炉、唾壶、盖盒、盖罐、虎子、灯、盏托等，器型均与同时期的浙江青瓷相似，造型简朴，注重实用，通常光素无纹或有简单的弦纹，在一些盛器上配了密合的器盖，更适合盛放食物。

三、古朴别致的黑瓷——黑釉加彩瓷器

公元8世纪以后，在黑釉上复合施加另一种釉的装饰方式流行起来。烧制过程中复合的加彩与黑釉在高温和气氛条件下经过物理化学反应，呈现变化丰富的装饰效果，如唐代的鲁山花釉和宋代的吉州窑。

鲁山花釉　鲁山花釉是在黑釉上饰以天蓝或月白色彩斑，用深沉的底色来衬托浅色的彩斑，对比鲜明，格外醒目。花釉以普通黑釉为底釉，并采用氧化铁含量较低的乳浊釉，通过淋、洒、涂、浇等方法施加于底釉之上，在烧成过程中向下流淌，在黑色的底釉上形成自然的流纹，乳白色、天青色、淡蓝色错综复杂地交融在一起，十分生动美妙，装饰效果很强。花釉瓷器的胎呈灰、灰白、灰黄或灰黑色，由于胎中氧化铝含量偏高，达到22%至37%，因此烧结并不充分，略显疏松。器型主要有碗、盏、盆、罐（图101）、钵、瓶、盘、双系壶、腰鼓等，烧造

图 99 东晋 德清窑黑釉鸡首壶
上海博物馆藏

图 100 东晋 德清窑黑釉盘口壶
上海博物馆藏

图 101 唐 鲁山窑花釉罐 上海博物馆藏

图 102 唐 鲁山窑花釉拍鼓 故宫博物院藏

花釉的瓷窑主要有河南鲁山段店窑、郏县黄道窑、内乡窑、禹县窑和山西交城窑等,最典型的是鲁山段店窑。花釉腰鼓(图102)数量不多,却是最著名的器形。唐代南卓著《羯鼓录》载:唐玄宗与宰相宋璟谈论鼓事时说:"不是青州石末,即是鲁山花瓷……固是腰鼓……以手拍。"其中提到的"鲁山花瓷""以手拍"的"腰鼓"就是鲁山窑烧造的花瓷腰鼓。鲁山花釉瓷器标本经测定其年代为公元8世纪上半叶,与文献记载相一致。花釉创造了二液分相釉的新技术,是通过不同性质的底釉和面釉而实现的。花釉的出现为黑釉瓷的美化装饰开辟了新境界,使黑釉瓷器出现了绚丽斑斓的窑变效果,开创了驰名中外的钧窑瓷窑变的先河。五代以后,虽然花釉瓷器仍有生产,但是无论数量还是质量都不如唐代,北宋以后基本绝迹。

吉州窑 吉州窑位于江西吉安,古称吉州,故名。吉州窑窑址分布于赣江两岸,以永和镇窑址规模最大,且具有代表性。北宋吉州窑主要烧青釉瓷,南宋吉州窑黑釉瓷器继建窑而起又有创新,它以两种不同的色釉,通过剪纸贴花、木叶贴花等加以装饰。剪纸贴花(图103)就

图103 南宋 吉州窑剪纸贴花佛像碗 上海博物馆藏

图 104 南宋 吉州窑木叶贴花碗 江西省博物馆藏

图 105 南宋 吉州窑玳瑁盏 日本收藏

是将传统的民间剪刻工艺移植到瓷器装饰上,将剪纸花贴在已经施黑釉的坯体上,再施浅色釉后将纸花剥去,然后入窑烧制,题材有行龙、飞凤、梅枝、花果、佛像及吉祥文字,形象生动自然。木叶贴花(图104)是将经过腐蚀处理的天然树叶贴在已经施黑釉的坯体上,焙烧以后树叶的形状和脉络都清晰地留在器壁上。这两种方法都是宋代吉州窑的创新,在黑釉的底色中呈现美丽的黄色纹饰,十分醒目,意趣盎然。此外,"玳瑁"也是宋、元时期江西吉州窑所创烧复合釉品种,玳瑁盏(图105)通过挂两种含铁量不同的釉料,在高温中相互交融,釉面黑色和黄色交织,形成海龟科动物玳瑁背甲上美丽的斑纹而得名。

四、宋代"斗茶"习俗与"天目"黑釉茶盏

宋代,一种擂钵形的黑釉深腹茶碗风靡全国,这种被宋人称作"盏"的茶具与当时盛行的斗茶有密切的关系。宋人把饮茶看作是高雅的享受,并且有一套繁琐的规矩礼节,每一道程序操作得如何将直接影响到茶水的质量。当时的文人士大夫十分热衷于此道,逐渐演变为一种称为"斗茶"的游戏。建窑黑釉茶盏胎厚宜于保温,釉黑又利于衬托茶沫,因此随着"斗茶"的流行而风行大江南北,为文人墨客所竞相颂扬,今天日本的"茶道"的许多程式即来源于此。宋人沏茶是用一种经半发酵的茶饼,据记载是福建武夷山的龙凤团茶。先将茶叶用茶碾子碾成细末,过筛后把茶末放入茶盏,用少量的水搅成糊状,再以初沸的水沏茶,在茶水的表面会浮起一层白色的茶沫。斗茶就是比试茶色的清白和茶沫的持久,用黑色茶盏便于观察茶色、茶沫而受到斗茶者的喜爱。

建窑结晶釉黑釉茶盏的出现,为宋代文人间盛行的"斗茶"增添了新的乐趣。由于斗茶的风行,黑釉茶盏得到极大的发展,为此福建建阳的建窑脱颖而出,它所生产的黑色结晶釉茶盏,由于釉面有自然形成的各种结晶斑纹而受到人们的宠爱。建窑黑釉茶盏的胎黝黑而坚,壁稍厚,釉色绀黑晶亮,器底露胎。据科学检测,建窑黑釉茶盏胎中氧

图 106 宋 建窑黑色结晶釉 "滴珠" 盏 大阪市立东洋陶瓷美术馆藏

化铁的含量通常为8%至9%，最高可以达到9.71%，釉中氧化铁的含量在7%至8%左右，最高达到8.68%。胎釉中较高的氧化铁含量，经高温烧造，原料中的部分Fe_2O_3会还原成Fe_3O_4而放出氧气，并形成大量气体，以釉泡的形式存在。这些气泡吸附周围的铁矿物而在釉面排出，当这些气泡在釉面破裂时造成局部富铁。当窑炉温度下降到一定程度，就发生液相分离，温度继续下降，就会因过饱和而析出赤铁矿（Fe_2O_3）、磁铁矿（Fe_3O_4）或者两者的混合物，这要看当时的窑炉气氛而定。当炉内温度较快冷却，这些富含铁的晶体就在釉面聚集成团，形成"油滴"，并且有强烈的金属光泽，史书上称为"滴珠"（图106），日本称为"油滴天目"。在氧化气氛中烧成的油滴釉，釉面上铁的结晶主要以赤铁矿的形式存在，因此呈现红色；在还原气氛中烧成的油滴釉，釉面上铁的结晶主要以磁铁矿的形式存在，就会呈现银色。当窑炉的冷却过程比较长时，会把这些富含铁的釉一起往下流动，产生一条条流动的痕迹，形成类似兔毫的流纹，有金属的光泽，在日本称为"禾木天目"。同样，在氧化气氛中形成的兔毫呈黄色，称之为"金兔毫"（图107），在还原气氛中形成的兔毫呈银白色，称为"银兔毫"。据最新研究，建窑银色油

图107 宋 建窑黑色结晶釉"兔毫"盏 京都国立博物馆藏

滴中的氧化铁析晶是高纯度的、罕见的 ε-氧化铁晶相，兔毫的结晶也应该是如此。还有一种"曜变结晶釉"茶盏（图108），釉面不规则的结晶斑周围的光晕会随着阳光入射角度的不同而呈现不同的颜色，十分珍贵，目前存世仅4件，都在日本，称之为"曜变天目"。

建窑以生产黑釉茶盏而名盛天下，北宋后期曾经为宫廷烧制御用茶盏，底足刻有"供御""进盏"字样。宋徽宗赵佶在《大观茶论》中写道："盏色贵青黑，玉毫条达者为上，取其焕发茶采色也。"蔡襄的《茶录》中有"茶色白，宜黑盏，建安所造者绀黑，纹如兔毫，其坯微厚，熁之久热难冷，最为要用"句。苏东坡也热衷于斗茶，他有诗句"忽惊午盏兔毛斑，打作春瓮鹅儿酒"，说的都是建窑的"兔毫"盏。北宋陶谷在《清异录》中有"闽中造盏，花纹鹧鸪斑，点试茶家珍之"，说的是建窑结晶釉中的"鹧鸪斑"，应该是银色"滴珠"较大者（图109）。

江西吉州窑除了生产黑釉复合加彩瓷器外，在南宋还生产兔毫、油滴茶盏。和建窑相比，吉州窑的胎质较细，胎色为浅黄或浅灰色，釉层也不如建窑那么厚，器物比建窑明显轻薄。

图 108 宋 建窑黑色结晶釉"曜变"盏 东京静嘉堂文库美术馆藏

图 109 宋 建窑黑色结晶釉"鹧鸪斑"盏 东京静嘉堂文库美术馆藏

第四章 纯正鲜丽的高温颜色釉瓷器

景德镇窑生产高温颜色釉始于元代，品种主要有红釉和蓝釉。明代，高温颜色釉的质量得到显著的提高。至清代，除了传统品种得到了恢复并有了发展之外，还出现了一些新的品种，而且质量也相当不错。

一、变化无穷的红釉瓷器

铜红釉作为一种高温颜色釉，它以微量的铜为呈色剂，在要求较高的高温还原气氛中烧成。铜红釉是由釉中的胶体金属铜离子着色的，它对入射光线反射为红色，并且由于大小颗粒所形成反射光波长的差异而呈现出不同色阶的红色。铜是一种变价元素，对还原气氛的变化非常敏感，要得到满意的釉色首先必须使窑炉中烧造红釉部位的气氛和温度保持均匀和稳定，要做到这一点实际上非常困难。铜红釉起源于8至9世纪的长沙窑，因为当时用铜作绿釉的呈色剂，在偶然得到的高温还原气氛中烧成了红色。直到10世纪，烧制通体一色的铜红釉仍然极为不易。真正的铜红釉出现于14世纪的元代，从北京元大都、江西等地出土的元代红釉瓷器和人物俑（图110）看，其色泽虽不够鲜艳、纯正，多偏晦暗，且釉色不均，但呈色浓重，表明红釉的烧制技术已经初步成形。

明代洪武时，虽然红釉釉色仍不纯正，略带桔黄色，但已经比元代均匀。存世的洪武红釉瓷器比较少，器型有碗、盘、高足杯等。还有一些器物里外施不同颜色的釉，如里蓝外红、里红外白、里红外蓝等等。器物内壁印云龙纹，碗心有线刻的风带如意云（图111）。从造型和纹饰看，基本上承袭了元代的风格，只是纹饰的细部已有区别。

高温红釉到明代永乐时期趋于成熟，烧成了纯正的宝石红釉。17世纪后期，清康熙出现了郎窑红、豇豆红等新品种，这是铜红釉得到大发展的黄金时期。明清时期著名的铜红釉品种主要有宝石红、郎窑红、豇豆红。

宝石红是明代永乐、宣德时期著名的红釉品种，属于祭红的一种，也称为"霁红"。永乐红釉施釉匀净，烧制还原气氛适宜，胎质细腻滋润，釉色莹润透亮，釉层晶莹透亮，鲜艳如初凝鸡血，犹如红宝石一般灿烂夺目，为历代所珍视。永乐红釉多小型器，盘碗类均里外施红釉，少数器物上隐约可见云龙纹等暗花。如器物底部有"永乐年制"四字暗刻篆书款者，为极珍贵的器物。宣德红釉的质量与永乐相类，红釉光亮明艳，釉层肥润，呈色鲜红，梨形执壶（图112）则内壁施透

图110 元 景德镇窑红釉文吏俑
江西省博物馆藏

图111 明洪武 景德镇窑红釉印花云龙纹盘
上海博物馆藏

图112 明宣德 景德镇窑红釉梨形执壶
上海博物馆藏

明釉，器外红釉。釉面多有橘皮纹，这是因为釉中大量气泡要通过釉层表面外逸而留下许多凹坑。永乐、宣德红釉属于"石灰—碱釉"，釉的高温粘度较大，而烧成温度并不足以填平凹坑，于是就在釉面出现了桔皮现象。永乐、宣德红釉瓷器的口沿因釉的垂流，往往呈现一周整齐的白色的边线，俗称"灯草边"（图113），与浑然一体的红釉相映成趣，这是较厚的红釉釉层在严格控制烧成条件下使流釉适可而止，器物口沿的釉层变薄所造成的，器物口沿整齐的"灯草口"红白分明。宣德红釉器型较为丰富，以碗盘多见，还有僧帽壶、梅瓶、香炉等。少数有刻花暗龙、莲瓣纹等。圈足内施透明釉，有"大明宣德年制"青花六字楷书款。

宣德以后，明代红釉瓷器传世完整器极为罕见，可以说，宣德以后高温红釉的烧制技术急剧衰退，历朝虽还有少量制作，但成功者罕见。红釉屡烧不成，至嘉靖朝二年朝廷遂"令江西烧造瓷器，内鲜红改为深矾红"，以低温铁红代之。

至清代康熙朝，高温红釉才得到恢复并有所发展。当时不仅恢复了"霁红"的生产，还创烧了郎窑红、豇豆红等新品种。康熙霁红呈色均匀，深沉失透，器物有碗、盘、瓶（图114）等。器物底部施透明釉，有"大清康熙年制"青花楷款，也有署宣德款者。郎窑红传说是康熙后期江西巡抚郎廷极主持景德镇御器厂窑务时烧造成功的高温红釉瓷器，故名"郎窑红"。其色泽浓艳，似初凝的牛血般猩红，具有强烈的玻璃光泽，又有牛血红之称。釉汁肥厚，釉面有大片裂纹和不规则的牛毛纹。在烧制过程中釉汁下垂，使口沿因釉的流淌显露白色，而器物底边因圈足修削使釉不再继续垂流，釉汁凝聚呈黑红色，故有"脱口垂足郎不流"之说。其器底常施米黄釉或绿釉，偶见本色红釉底，通常无款。器物造型有明显的康熙特点，如观音尊（图115）、油槌瓶、笠式碗等。传统的郎窑红对制作工艺有严格的要求，成品率低，传世也不多，因此历来被视为珍品。

豇豆红又称"美人醉""桃花片"，是一种呈色多变的高温铜红釉，是康熙时期的名贵品种。其釉色淡雅，釉面局部氧化而呈绿色苔点。在浑然一体的红色中隐现点点绿斑，更显幽雅清淡、柔和悦目。豇豆

图 113 明永乐 景德镇窑红釉盘 上海博物馆藏

图 114 清康熙 景德镇窑霁红釉瓶
故宫博物院藏

图 115 清康熙 景德镇窑郎窑红观音尊
台北故宫博物院藏

红用多层次吹釉法施釉,在还原气氛中烧成。其表面存在局部色料发布不均匀的情况,在铜富集且铜颗粒较粗大、氧化钙较多的地方,烧氧化焰时较易熔融,其中的铜以二价铜离子的状态溶解于釉中,当窑炉变为还原气氛时,已经无法改变釉中铜的价态,因此绿色依然存在。其烧制难度极大。常见器形有印盒、水盂、太白尊(图116)、柳叶瓶、莱菔瓶、菊瓣瓶等几种小型文房用具。个别表面产品绿色较多,成为"豇豆绿"(图117),是极为罕见的珍品。豇豆红器物虽小,其器内和底部均为透明釉,器底有"大清康熙年制"三行楷书款。

图 116 清康熙
景德镇窑豇豆红太白尊
上海博物馆藏

图 117 清康熙
景德镇窑豇豆绿印盒
胡惠春、王华云捐赠
上海博物馆藏

二、深沉鲜亮的蓝釉瓷器

将描绘青花的色料钴掺入釉料，在适宜的温度和气氛下可以烧出鲜艳纯正、深浅不同的各种蓝釉瓷器。蓝釉的品种繁多，主要有霁蓝、洒蓝釉和天蓝釉等。

中国陶瓷中用钴着色的蓝色釉在7世纪的唐代已有，但那时还属于低温铅釉。用高温蓝釉装饰瓷器开始于14世纪的元代景德镇窑，它采用与元青花相同的进口青料，因此蓝色浓翠而鲜丽，与后世的蓝釉瓷器都称之为"霁蓝"。存世的元代蓝釉瓷器非常稀少，所见有梅瓶、盘、杯、匜等。元代创烧成功的高温蓝釉色调浓艳深沉，釉面光亮润泽细腻。装饰技法主要有两种，一种是在蓝釉上绘金彩，给人一种豪华富贵的感觉，通常描绘梅枝等；另一种则是在蓝釉地上留出凸起的白色花纹，形成蓝釉白花，对比鲜明，色泽明艳，形成强烈的色彩反差和立体感。扬州博物馆、北京颐和园和巴黎吉美博物馆各收藏1件元代后期景德镇窑蓝釉白龙纹梅瓶（图118）是蓝釉白花的代表作，十分精美，其腹部刻有游龙，施蓝釉时留出纹饰部分，再施透明釉。此类装饰还有飞凤、飞鸟、仙鹤等。

明洪武时期颜色釉瓷可以分为两种类型，一类是二色釉，即器物里外施不同颜色的釉；另一类是单色釉。釉色有红色、蓝色、酱色和黑色等。其中蓝釉以氧化钴为呈色剂，可以烧成纯正的宝蓝色；酱色釉和黑釉均以氧化铁为主要呈色剂，黑釉中还含有锰。它们的装饰特点比较一致，内壁绝大多数印有云龙纹，龙纹都为五爪龙纹，器心有浅刻飘带云纹。器型不外乎碗、盘和高足杯三种，制作比较规整，碗盘类一般为砂底无釉；高足杯则多为釉接杯把。这些瓷器各方面的特征比较一致，说明它们是同一时期的产品，应是明洪武颜色釉瓷的特征，特别是二色釉瓷器为明洪武朝所独有（图119）。

永乐蓝釉传世罕见，在江苏江阴明永乐九年（1411）夏颧墓出土了一件蓝釉壶（图120）。宣德蓝釉釉色深蓝而纯正，釉面常见桔皮纹，器型、装饰、款识均与宣德红釉相似，器物口沿也有"灯草口"。蓝地留白以折枝花卉和莲池鱼藻为主，纹饰以堆泥法形成，具有立体感（图

图 118 元 景德镇窑蓝釉白龙梅瓶
江苏省扬州市博物馆藏

图 119 明洪武
景德镇窑外蓝里红印花碗
东京出光美术馆

121)。成化、弘治均未见蓝釉完整器传世。正德蓝釉用石子青,釉色蓝中偏灰,器物胎较厚重,多无款。嘉靖、万历朝蓝釉用回青作色料,釉色蓝中微泛红紫(图122),一部分器物以线刻的龙、凤、孔雀、花卉等为装饰,线条较草率,有的器物在口沿和圈足内涂一层酱色釉,圈足内以两行六字楷书"大明嘉靖年制"刻款多见。

清代蓝釉改用浙江金华的浙料为色剂,由于提纯技术进步,釉色为明亮的蓝青色。康熙蓝釉瓷器多为小型的文房用品和陈设瓷,器物圈足内施透明釉,署"大清康熙年制"六字三行青花楷书款。据测试,清代霁蓝釉中钴的含量通常为0.21%至0.66%,平均为0.42%。

洒蓝又称为"吹青",是一种以特别的吹釉法施釉,即用一端包上纱布的竹管将青料吹附在瓷胎上,再施透明釉,入窑高温烧成后,器物表面形成均匀的水渍样蓝色斑点,蓝中夹白,星星点点,类似雪花的效果,有"雪花釉"之称。洒蓝釉初见于明宣德年间,制作极少且较朴拙,完整器存世稀少,首都博物馆收藏的洒蓝釉钵(图123),底部书

图120 明永乐九年(1411)蓝釉壶 江苏省江阴夏颧墓地出土 江阴博物馆藏

图 121 明宣德 景德镇窑蓝釉白花莲池鱼藻纹盘
上海博物馆藏

图 122 明嘉靖 景德镇窑蓝釉碗
故宫博物院藏

图 123 明宣德 景德镇窑洒蓝釉钵
首都博物馆藏

图 124 清康熙
景德镇窑洒蓝地描金岁寒三友图瓶
上海博物馆藏

图 125 清康熙
景德镇窑天蓝釉柳条纹缸
上海博物馆藏

有"大明宣德年制"款，是难得一见的珍品。在景德镇御器厂遗址发现了同类的瓷片标本。清康熙时洒蓝釉技术纯熟，大量烧造，胎一般较为厚重，釉面坚致莹润。陈设器外壁洒蓝釉，器内与圈足施透明釉。多见描金装饰（图124），还有在洒蓝地开光中用青花釉里红或者五彩加以装饰。器形较为丰富，以瓶、碗、盘、多穆壶、执壶、钟、盖盒等为典型，形制规整端庄。底署康熙六字青花楷书款。雍正时，洒蓝釉瓷器数量明显减少，与康熙相比，同类器显得胎薄形秀，釉色浅淡，淡蓝透白的斑点匀称。雍正以后，官窑洒蓝釉瓷器的生产已近尾声。

天蓝釉是一种高温颜色釉，创烧于清康熙。釉中钴料的含量通常在0.04%以下，在高温中可以烧成釉色幽静淡雅、犹如天空一般的蓝色。康熙天蓝釉釉面光亮匀净，一般多施在器内外，圈足底部透明釉。器形以陈设器、文房用品为主，多见洗、水盂、花觚、梅瓶、菊瓣瓶、观音尊、苹果尊、螭耳尊、琵琶尊、柳条纹缸（图125）等。素面无纹，以釉色及流畅的造型取胜，署康熙本朝三行六字青花楷款。雍正、乾隆天蓝釉又称为"年窑"，淡者接近康熙；深者蓝中闪青，釉面光亮匀净，釉质肥润。陈设器外壁天蓝釉，器内与圈足透明釉，碗盘类内外施天蓝釉，圈足底部透明釉。器形较前朝丰富，许多器形具有鲜明的时代特征。款识均为以本朝二行或三行六字青花篆书款。

乾隆以后的天蓝釉的生产虽然仍维持一定的规模，但质量逐渐下降，釉色及釉面滋润均不如前。

三、独特的结晶釉——茶叶末釉瓷器

茶叶末釉是一种特殊的高温结晶釉瓷器，它是中国最古老的铁结晶釉品种。以氧化铁为呈色剂，经1200℃至1300℃之间的高温还原焰烧制而成。釉面失透，釉色黄绿掺杂，在黄褐色的底釉中散布着许多细小的绿色斑点，颇似茶叶碎末而得名。

茶叶末釉出现在唐代，原为烧制黑釉瓷器过火而出现的特殊现象，后觉得效果不错，遂成为刻意烧制的新品种。陕西耀州窑是烧制茶叶

图 126 唐 耀州窑茶叶末釉执壶 陕西耀州窑博物馆藏

末釉瓷器最早的窑场,产品有执壶(图126)、擂钵等。宋代,北方一些烧制黑釉瓷器的窑场偶有烧制。其化学组成和黑釉相近,是一种石灰釉,特点是高铁、高钙、高镁。其中镁的含量必须达到一定水平,至少在2%以上,古代产品有达到3.5%。如果镁含量太低就烧不出黄绿色的晶体。用显微镜观察,茶叶末釉的结晶晶体很小,呈黄绿色或者黄褐色,主要分布在釉层表面,析出的晶体属于辉石类型的晶体。中国北方多产白云石,可以满足配方中高镁的要求。中国南方地区则很少用白云石配釉,所以清代以前南方窑场基本上没有生产茶叶末釉,一直到清雍正时期,景德镇才仿烧成功,而且质量超过前代,成为中国传统高温颜色釉瓷器中的珍品。清代茶叶末釉古朴凝重,极具古意,一跃作为名贵的品种,成为宫廷陈设瓷器中的重要品种。康熙时期有"蛇皮绿""鳝鱼黄"等品种。传世品中以雍正、乾隆时期的最为多见,雍正以后称为"厂官釉"。雍正茶叶末釉偏黄居多,俗称"鳝鱼黄",乾隆茶叶末釉则偏绿的居多,俗称"蟹甲青"(图127),器物底部刻有雍正、乾隆篆书款。因其釉色类似青铜器,故常被用来制作瓷胎仿古铜器(图128)。清代寂园叟在《陶雅》中说:"茶叶末以滋润、鲜明、活泼三者为贵矣。茶叶末黄杂绿色,娇娆而不俗。艳于花、美如玉、范为瓶、最养目。"茶叶末釉的烧制难度较大,除了配方要符合要求之外,釉料不宜过细,低温阶段用氧化气氛烧制,到980℃左右转为还原气氛烧制,温度控制在1250℃至1280℃之间,冷却速度要慢。

图127 清乾隆 景德镇窑茶叶末釉双耳尊 故宫博物院藏

图 128 清乾隆 景德镇窑仿铜釉觚 上海博物馆藏

第五章

多姿多彩的低温颜色釉瓷器

铅釉是以氧化铅为主要助熔剂的低温釉，在烧成的瓷器表面施釉后再用约800℃烧成。由于烧成温度不高，因此色料的选择范围比高温釉广泛，釉色也丰富得多。景德镇窑在公元14世纪创烧成功的孔雀绿釉；15世纪烧成黄釉；16世纪烧成法华釉；17世纪以后各种颜色釉瓷器纷纷创烧，形成色彩缤纷的彩色世界。

一、娇嫩鲜艳的黄釉瓷器

在中国，黄色历来是帝王之色，只能皇室使用而庶民禁用。低温黄釉也称"铁黄""锑黄"，是以铁或锑为着色剂、在氧化气氛中烧成的低温铅釉。铁黄釉创烧于14世纪后期或15世纪早期，它以适量的氧化铁为着色剂，在高温烧成的白瓷或未上釉的素胎上施一层黄釉，再以低温烧成。南京明故宫遗址和景德镇御窑厂遗址都发现了明代初年的黄釉瓷器标本，惜不见完整器传世，目前所见不多的是宣德朝产品。宣德黄釉瓷器釉层肥厚，釉色略深，釉面多有橘皮纹。器型以盘居多，腹较深，圈足稍高，盘心微凹，足底白净，署"大明宣德年制"二行青花楷书款。传世有宣德官窑的黄釉青花折枝花果盘（图129），青花鲜丽，黄色凝重，别有一番趣味。明代黄釉瓷器以成化、弘治的"娇黄"最为名贵，其釉色娇艳纯正，釉面匀净光亮。尤其是弘治黄釉，釉色娇嫩、光亮、淡雅，有"娇黄"等美称，也称为"浇黄"，因为用浇釉的方法施釉，是达到了历史上最高水平的低温黄釉（图130）。器物多见碗、盘类，偶有罐、壶等较大的器物。器物表多素面无纹，唯罐上有刻划花、金彩等装饰。成化、弘治均署本朝青花六字双圈楷款。正德以后，黄釉制作趋于草率，胎明显增厚，釉色呈焦黄色，绝无娇嫩之感，以碗、盘类器为典型。器底透明釉白中闪青，署本朝青花六字双圈楷款。嘉靖黄地青花龙纹大盘直径达79厘米，传世罕见（图131）。

清康熙黄釉虽竭力仿宣德、弘治，但釉色总不免较深。器型除碗、盘、杯、套杯、碟等日用器外，还有凤首流龙形提梁壶及口径在三四十厘米以上的大碗、大盘、大盆等。流行刻划花装饰，以云龙、缠枝花卉等纹为多见（图132）。康熙晚期，随着珐琅彩从法国引入，出现以锑为主要呈色剂的黄釉，色泽比铁黄釉更加娇艳浅淡，釉面柔丽恬雅，并有深浅浓淡的变化，"淡黄釉""柠檬黄釉""鸡蛋黄釉"之称即因此而来。唐英在《陶成纪事》中将之称为"西洋黄色器皿"。目前所见锑黄釉以雍正官窑器为早（图133），以后各朝均有烧造。主要是为了满足宫廷礼仪之需，而无创新之处。

图 129 明宣德
景德镇窑黄釉青花折枝萱草纹盘
大英博物馆藏

图 130 明弘治 景德镇窑黄釉盘
上海博物馆藏

第五章 多姿多彩的低温颜色釉瓷器 113

图131 明嘉靖
景德镇窑黄地青花龙纹大盘
胡惠春、王华云捐赠
上海博物馆藏

图132 清康熙
景德镇窑黄釉刻花龙纹碗
上海博物馆藏

图133 清雍正 景德镇窑黄釉碗
胡惠春、王华云捐赠
上海博物馆藏

二、翠绿透亮的孔雀绿釉瓷器

孔雀绿釉又称"法翠""法蓝",是一种以氧化铜为着色剂、以氧化铅为助熔剂二次烧成的低温铅釉,通常施在高温烧成的白瓷或者无釉的涩胎素瓷上,再以中温烧成。孔雀绿釉最早见于宋、金时代的磁州窑,是在黑彩瓷器表面加施的一层低温釉,色调晦暗,由于胎和化妆土大多生烧,因此无法通过高温化学反应生成反应层,造成胎釉结合不好而较易剥落。而景德镇窑于14世纪开始烧制的孔雀绿,在釉料添加了超过总量一半的富含氧化钾的牙硝为助熔剂,则完全摆脱了这些弊端,胎釉结合良好,而且是纯粹的单色釉。在景德镇元代瓷窑遗址出土的元代孔雀绿釉盖盒(图134)胎釉结合良好,是目前最早的孔雀绿釉瓷器标本。明代早期传世景德镇窑孔雀绿釉产品罕见,大英博物馆收藏的一件宣德盘,外壁施孔雀绿釉,内壁白釉下有暗刻的行龙纹,底部为青花宣德款(图135)。成化孔雀绿胎釉结合紧密,釉色晶莹碧翠。以碗、盘、盒等为多见,将青花瓷器复罩孔雀绿釉为此时的名贵品种(图136);明代正德的孔雀绿釉烧制最为成功,数量增多且质量提高,其色调如孔雀羽毛般青翠鲜艳,多见碗类。(图137)

图134 元 景德镇窑孔雀绿釉盖盒 景德镇陶瓷考古研究所藏

第五章　多姿多彩的低温颜色釉瓷器　115

图 135　明宣德　景德镇窑孔雀绿釉暗刻龙纹盘　大英博物馆藏

图 136　明成化　景德镇窑孔雀绿釉青花鱼藻纹盘　陈器成捐赠
上海博物馆藏

图 137　明正德　景德镇窑孔雀绿釉碗
故宫博物院藏

清代康熙、雍正、乾隆三朝是清代孔雀绿釉烧造最为鼎盛的时期，其中尤以康熙孔雀绿釉为佳。康熙孔雀绿釉呈色深浅不一，色浓者青翠，色淡者明艳，釉面有细小纹片。器形以仿古青铜器的觚、鼎、尊、觯等为多见。除素面外，流行刻划与剔刻花装饰，如饕餮、螭龙、蕉叶、回纹等古青铜器纹样（图138）。雍正孔雀绿釉与本朝流行的风格相结合，新意盎然。乾隆孔雀绿釉层较薄，部分器底釉色米黄，流行仿青铜器式样和纹饰（图139）。乾隆以后，孔雀绿釉烧制趋于衰弱。

三、碧绿纯正的绿釉瓷器

低温绿釉在高温烧成的白瓷上施以铜为呈色剂、铅为主要助熔剂的釉，在低温氧化气氛中二次烧成。在中国古代陶器上绿釉早已有运用，如汉代铅釉陶、唐代及辽代三彩陶器中的绿釉即是。宋代，定窑的一些高温烧成的白瓷外罩了一层低温绿釉，称之为"绿定"；磁州窑也有类似的情况，在白地黑彩瓷器上施低温绿釉（图140）。明清时期，景德镇窑的低温绿釉是将绿釉施在高温烧成的白瓷或涩胎素瓷上，技术日臻成熟。特别是清代康熙以后低温绿釉有了较大的发展，以不同的配方烧制出了苹果绿、松石绿、瓜皮绿、秋葵绿、湖绿、水绿等不同的绿釉，大大丰富了低温绿釉的表现力。

明代最早的绿釉瓷器为宣德时期，完整器非常少见，景德镇御器厂遗址发现的绿釉标本一般多施在器外壁，作为底釉，与其他纹饰相配合。器内与足底有透明釉。色泽娇嫩，釉面失透。器形主要有碗（图141）、盘、高足杯、梅瓶、凤首壶等，流行划花装饰，多见龙纹。器底署"大明宣德年制"六字青花楷款或刻款。成化、弘治绿釉完整器传世罕见，珠山御器厂遗址出土有绿釉标本。成化绿釉釉面光润，釉色鲜丽，以碗、盘类小件器为多见，器外壁低温绿釉，器底有"大明成化年制"青花六字楷款。弘治绿釉类似成化特点。嘉靖、万历绿釉釉层较薄，部分釉色绿中微闪黑。大多内外均施绿釉，以碗、盘、渣斗等日用瓷为多见。除素面外，流行划花装饰，图案清晰。流行本朝青花六字楷款。

清代初年，景德镇绿釉瓷器得到发展并屡有创新，釉色较深者为

图 138 清康熙 景德镇窑孔雀绿釉刻花尊
上海博物馆藏

图 139 清乾隆 景德镇窑孔雀绿釉夔龙纹尊
故宫博物院藏

图 140 宋 磁州窑绿釉黑彩牡丹纹瓶
大阪市立东洋陶瓷美术馆藏

图 141 明宣德 景德镇窑绿地褐彩龙纹碗 景德镇陶瓷考古研究所藏

图 142 清康熙 景德镇窑绿釉秋叶形笔捺 上海博物馆藏

图 143 清康熙 景德镇窑绿釉刻花螭纹托杯 故宫博物院藏

图144 清乾隆 景德镇窑松石绿釉刻花缠枝番莲纹瓶 上海博物馆藏

瓜皮绿，色泽碧绿纯正，浓翠鲜亮，玻璃质感较强，康熙朝多见，器皿多内外施绿釉，圈足内施透明釉。流行碗、盘、瓶、水盂、尊、罐、笔掭等器皿。其中叶形笔掭形如秋叶，叶的筋脉甚至蛀孔都刻划得栩栩如生（图142）；绿釉浅淡者为水绿，色泽如湖水般清澈，釉面光润晶莹，玻璃质感强，为康熙朝独具风格的品种。多见印盒、托杯（图143）等制作精巧的小型器物，流行刻划花装饰。

釉色青绿如绿松石，为雍正新创，御窑厂工匠能熟练地根据呈色剂铜及助熔剂砷、铅等的含量烧制出典型的松石绿釉，釉色多呈略深的湖绿色。雍正松石绿釉器物胎体多轻薄，器壁光照见影，釉面光亮匀净，器内与圈足施透明釉。乾隆时期御窑厂松石绿釉制作达到了顶峰，釉面滋润匀净，釉色娇艳柔嫩，器皿多内外施松石绿釉。流行剔刻、镂空等装饰工艺，以镂空、剔刻的螭龙、缠枝莲花等纹饰最为精湛。各式瓶（图144）、双联瓶、花篮、冠架等造型具有时代气息。

四、矾红与金红

矾红釉是一种在高温烧成的白瓷或涩胎瓷上，以铁为呈色剂、铅为助熔剂在氧化气氛中低温二次烧成的品种。明代低温红釉目前仅见矾红釉，由于以青矾煅烧后得到的氧化铁为着色剂，故有矾红之称。景德镇御器厂遗址宣德地层曾经发现低温红釉瓷器标本，惜无完整器传世。文献记载，明代嘉靖时由于高温红釉屡烧不成而改烧低温红釉。嘉靖矾红釉多呈浓艳的枣红色，浓者发紫黑色，淡者如珊瑚红，釉面匀净无光泽是矾红釉的主要特征。器物以碗、盘、高足碗、梨形壶（图145）、炉、瓶等为多见。除素面外，流行划花纹样，署本朝六字青花楷款。清代，特别是康熙以后的红釉以珊瑚红为典型，釉面滋润失透。圆器或内外施红釉、圈足底部透明釉，或外壁红釉、内里与圈足透明釉，少量通体红釉。此外，在施釉方式上，明代多采用抹釉工艺。清代多见吹釉技法，所以清代红釉表面有不易察觉的颗粒痕。传世康熙红釉瓶具有一定的代表性，器外壁通体施红釉，釉面失透而不失娇艳，犹如珊瑚红色（图146）。

金红釉是清代康熙晚期景德镇官窑在进口彩料影响下创烧的一种在高温烧成的白瓷或涩胎瓷上施以微量黄金为呈色剂、低温二次烧成的品种，初始阶段应该就是用进口原料，故有"洋红"之称。制备金红需要把黄金溶解于以一份浓硝酸和三份浓盐酸配制而成的"王水"中，釉汁细腻、光润、匀净，色如胭脂。釉中金含量的多寡，往往会对釉色的深浅浓淡产生影响，在通常情况下，釉中含万分之二的金，呈色较浓艳，釉中含万分之一的金，呈色较浅淡，"蔷薇红""玫瑰红""胭脂红"等称呼由此而来。胭脂红釉一般采用吹釉工艺，釉面有不易察觉的颗粒痕迹。康熙晚期是金红的初创期，目前仅见金红彩料用于五彩瓷器上，为粉彩瓷器的发端。雍正金红釉在清代各朝制品中最富盛名，釉色娇嫩欲滴，有浓淡之分，釉面匀净明艳。器物外壁施金红釉，内里及圈足底部多施透明釉。胎体轻薄，流行盖碗（图147）、杯、盘类小件器。乾隆金红釉呈色娇艳柔美，亦有浓淡之分，金红釉多施于器外壁，内里与圈足底部为透明釉，部分琢器内里与底部施淡绿釉。以碗、杯、盘、蒜头瓶、灯笼尊等为典型。

图 145 明嘉靖 景德镇窑矾红釉梨形壶
故宫博物院藏

图 146 清康熙 景德镇窑矾红釉瓶
上海博物馆藏

图 147 清雍正 景德镇窑胭脂红盖碗
上海博物馆藏

五、法华

　　法华器原为明代山西南部一带流行的以牙硝为助熔剂的高碱釉陶，其装饰通常在器物表面以"立粉"技法勾勒纹饰的轮廓，再以各种彩色填充。这种技法被景德镇移植到瓷器装饰上，遂形成明代后期盛行的一种新品种——瓷胎法华瓷器。景德镇窑法华瓷器以花卉、孔雀、龙纹、人物等为装饰，色彩以孔雀绿、蓝、紫、绿、黄为主，也有描金装饰。器形以瓶、罐为主（图148）。

六、金釉

　　金釉是清康熙的创新品种，将金粉溶入胶水，加适量铅粉，涂抹在瓷器表面，经低温烘烤后，再用玛瑙棒或石英砂在表面碾磨抛光。制作完成的金釉器色如黄金，光亮璀璨。景德镇御窑厂为康熙祝寿专门制作的金釉碗，外壁金光灿灿，碗内刻有团寿纹，是清代金釉瓷器中的精品（图149）。

七、仿工艺釉瓷器

　　仿工艺釉是清乾隆时期景德镇窑制瓷工艺的特殊品种。它以瓷为胎，通过各种高温、低温釉和彩绘工艺，仿制铜、玉、石、竹、木、漆等各种质地的器物，惟妙惟肖，达到可以乱真的程度，表现出景德镇窑制瓷工艺的高度发展。

　　古铜釉就是模仿古代青铜器，它在茶叶末釉上用红、绿、黑、蓝等低温彩仿青铜器的斑驳锈痕，或者用金彩、银彩摹绘错金银纹饰。故宫博物院收藏的清乾隆景德镇窑仿铜釉牺耳尊（图150）就是此类器物的代表。

　　瓷胎仿漆器釉有仿雕漆与仿漆绘。仿雕漆常见剔红，即以印花或

第五章 多姿多彩的低温颜色釉瓷器 123

图 148 明嘉靖
景德镇窑法华釉牡丹纹瓶
胡惠春、王华云捐赠
上海博物馆藏

图 149 清康熙 景德镇窑金釉碗
上海博物馆藏

者模制工艺在瓷胎上模印花纹，经过雕剔加工之后高温素烧成涩胎瓷器，然后施矾红釉低温烧成，颇有剔红漆器的风韵，常见的器型有盘、盒、瓶（图151）等。仿漆绘则是在涩胎瓷器上施低温黑釉，然后再在釉上绘彩。

仿木纹瓷器在雍正时期制作就十分精致（图152），至乾隆更是发扬光大、更加逼真。实际上木纹是描绘的，通常把木制器皿的木板拼接，以至木头上的节疤都描绘得十分逼真。常见的器物有仿木的笔筒、臂搁等，一种碗外壁是仿木纹，以黄金作内胎，就显得十分珍贵了（图153）。

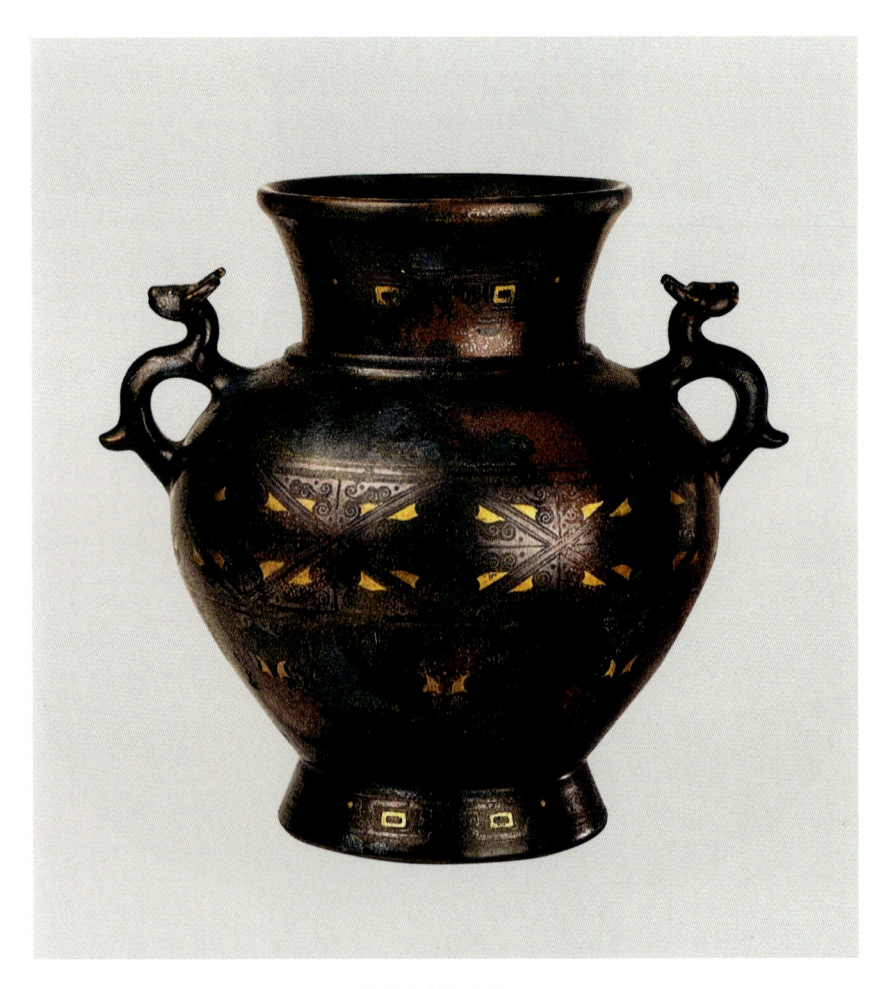

图150 清乾隆 景德镇窑仿铜釉牺耳尊 故宫博物院藏

图 151 清乾隆 景德镇窑仿雕漆万寿瓶
台北故宫博物院藏

图 152 清雍正 景德镇窑仿木纹提桶
上海博物馆藏

图 153 清乾隆 景德镇窑仿木纹碗 上海博物馆藏

图154 清乾隆 景德镇窑仿竹笔筒
上海博物馆藏

图155 清乾隆 景德镇窑青釉盖碗
上海博物馆藏

瓷胎仿竹器多制作的是文房用品，常见笔筒等。在器物上所施的黄釉在色调上十分接近竹制品，加上在釉面上精心描绘竹丝的纹路就更加逼真了，有的还有仿竹雕的花纹（图154）。

清代雍正以后，景德镇御窑厂督窑官唐英利用能够烧制呈色十分稳定的青釉烧制工艺制作仿玉瓷器。如果施釉具有足够的厚度，那么成功的青釉瓷器具有青玉的滋润质感。上海博物馆收藏的青釉盖碗，除了具有玉的质感之外，碗外壁的小环、碗的口沿及碗盖上的小孔均施以描金，具有"金镶玉"的效果，加上碗的仿铜底座，器物不大，却把清乾隆仿工艺釉产品表现得淋漓尽致（图155）。

利用松石绿釉加上描绘石的纹路，就能制作仿绿松石的器物。以彩绘的方法绘制仿大理石花纹的器物（图156）在清乾隆时期也常见。

图156 清乾隆 景德镇窑仿绿松石碗 上海博物馆藏

象生瓷是乾隆时期新出现的瓷器品种，它利用低温颜色釉和彩料，在模制成型的瓜果、鱼蟹等象形涩胎上施彩，往往达到乱真的效果（图157）。

图157 清乾隆 景德镇窑象生雕瓷果品蟹盘 故宫博物院藏

第六章

幽雅清新的釉下彩瓷器

传统意义上的绘画是一种平面艺术，用笔在纸、绢上进行创作。在瓷器表面作画难度更大，除了要考虑形象、色泽等因素外，还要考虑到器物表面的弧曲度所带来的视觉上的差异。彩绘瓷将中国画的线条和图像融入到立体的器物表面，形成了双重的审美意趣。六朝青瓷中出现的褐色点彩以至釉下彩绘，是瓷器装饰技术的突破，具有里程碑意义。彩绘技术在唐代长沙窑普遍运用，烧成一批具有特殊艺术风格的外销瓷器。以后经过宋、元时期的创造性发展，中国瓷器从明代开始全面进入彩绘时代，各种工艺、技法、纹饰和色彩的彩绘瓷争奇斗艳，异彩纷呈。

　　釉下彩瓷器，顾名思义是先在坯胎上作画，然后上釉，再入窑烧制而成。其彩是与胎、釉同时在高温中一次烧成，要求绘彩原料能够耐受高温，并能在合适的火候下呈现出悦目的色彩。能够承受高温的色料主要有铁、钴和铜。

一、石破惊天的发现——三国青釉褐彩瓷器

中国彩绘瓷出现于公元3世纪,初期的彩绘只是点彩涂抹或简单的绘画。能够将不同的着色材料装饰于瓷器之上,这是技术和艺术的进步。早期彩绘的代表为青釉釉下彩,在瓷器的坯体上进行彩绘后,罩青釉一次高温烧成。1983年江苏南京雨花台一座三国吴墓出土了一件青釉褐彩盘口盖壶(图158),造型与同时期浙江的青瓷壶无甚区别,但通体以铁料绘褐彩,外罩一层青黄色釉。纹饰主题是神仙和灵兽,并以疏密有致、飘然欲动的仙草和云气相间,画笔娴熟,线条流畅,形象介于写实与写意之间,与长沙马王堆汉墓棺椁上的彩画有异曲同工之妙,不由使人联想起汉代以来道教与神仙术的盛行;再配以衔环兽面铺首、佛像和比翼鸟(迦陵频伽)等贴塑装饰,说明佛教的传入已经在器物上有所表现,它们共同组成一幅充满了神秘色彩的图画。这一惊人发

图158 三国吴 青釉褐彩羽化升仙图盖壶 南京市博物馆藏

现把中国釉下彩瓷的历史提前了500年，它作为彩绘瓷器的发端，在中国乃至世界瓷器史上留下了辉煌的一笔。进入21世纪以后，在南京城内的建筑工地再次出土孙吴到西晋早期的釉下彩绘青瓷。出土物多为瓷片标本，可以看出除盘口壶外，还有罐、洗、钵、盘等不同器型，绘画风格、烧造工艺十分相似。这就为古陶瓷学界的深入研究，提供了更为丰富翔实的资料。从制作工艺看，三国彩绘瓷在胎的表面施有一层化妆土，器物造型与浙江青瓷类似，这与同时期的浙江婺州窑的风格相近。当然，目前在婺州窑窑址尚未发现彩绘瓷标本，因此关于三国彩绘瓷的产地有待于进一步探索。

两晋、南朝时期褐色点彩流行于浙江地区的越窑、瓯窑，它在青釉器上不规则地加点褐色彩斑，打破了青釉单一的色调，使得瓷器更显活泼。此外，北朝的墓葬中也零星出土一些青釉、黄釉褐绿彩器。但总的说来，唐代之前彩绘瓷的发展仍处于初期阶段，未能形成规模，这种局面直到唐代长沙窑的兴起才有了质的突破。

二、领风气之先的长沙窑瓷器

长沙窑是唐代著名瓷窑之一，是中国大规模生产釉下彩瓷器的开始，它对美的追求从当时流行的注重釉色美向彩绘装饰美发展，在当时具有领风气之先的气魄。长沙窑窑址在今湖南省长沙市南郊铜官、石渚一带，因此又称铜官窑、石渚窑。长沙窑不见于文献记载，根据对窑址的调查、发掘和对比各地唐墓出土器物，推断它兴起于中唐，盛于晚唐而衰于唐末五代，为唐、五代南方地区一处重要的烧制青釉褐彩、绿彩与青釉褐绿彩瓷器的窑场。长沙窑瓷器的胎大多呈灰白色，少量呈浅褐色，质地不甚细洁，质粗者先施一层化妆土，然后用铁或铜料绘彩，再罩一层淡黄色或青黄色的透明釉。长沙窑产品的造型丰富多样，简洁朴素，讲究细微之处的变化，以碗的数量最多，以壶的种类最多，此外油盒、枕及各类人物、动物雕塑品等也颇有特色。为适应外销需要，唐代长沙窑创造出具有异域艺术风格的釉下彩产品，早期为贴花加彩斑装饰，即在坯体表面模印贴花上用铜或铁涂上斑块，形成釉下褐斑或绿斑。9世纪发展成为釉下彩绘，用铁或铜直接在坯体上绘制图案，形成单色或复合色彩的图案。一部分长沙窑产品是先施釉后绘彩，彩绘是在釉上，但是经过烧制，其彩料会随着釉在高温中的翻滚渗入釉中，因此还是属于釉下彩的范畴。长沙窑的装饰题材广泛，有花草、飞禽、奔鹿、人物等源自中国传统的题材，相当一部分装饰题材来自域外，具有异域风格，如葡萄、狮子、椰枣树（图159）、摩羯鱼（图160）等，还有的以草体的阿拉伯文为装饰（图161）。也有在器物上直接书写诗歌（图162）为装饰，诗句隽永与朴实共存，书法潇洒与稚拙共存，瓷器成为记录唐诗的载体。由于这种以彩绘为装饰的瓷器在当时被视作充满了异域的情调，终于没能进入主流社会，只是在平民阶层流传和向海外输出，是当时最重要的外销瓷产品。长沙窑的釉下彩瓷器丰富了瓷器的装饰艺术，为后世釉下彩瓷器的发展奠定了技术基础。

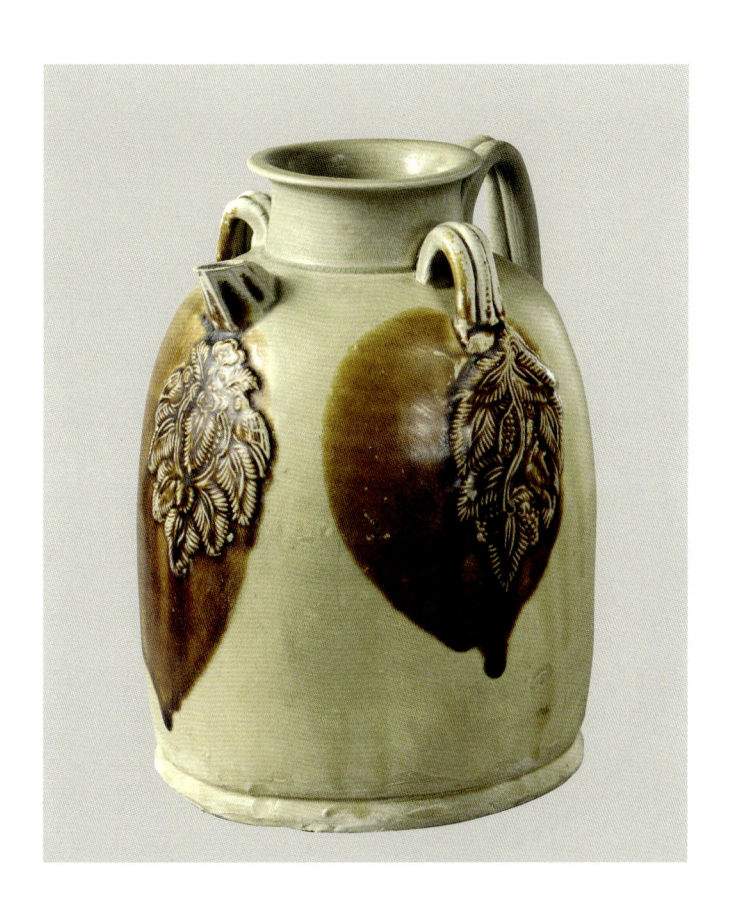

图159 唐 长沙窑褐斑贴花壶
"黑石号"沉船出水
新加坡亚洲文明博物馆藏

图160 唐 长沙窑褐彩摩羯鱼碗
"黑石号"沉船出水
新加坡亚洲文明博物馆藏

图161 唐 长沙窑褐绿彩阿拉伯文碗
"黑石号"沉船出水
新加坡亚洲文明博物馆藏

图162 唐 长沙窑褐彩诗文碗
"黑石号"沉船出水
新加坡亚洲文明博物馆藏

三、民风醇郁的磁州窑瓷器

入宋以后,釉下彩绘瓷器在北方开始兴盛起来,以河北磁县为中心的磁州窑产品就是以彩绘作为装饰的主要手段。磁州窑是宋、金、元时期著名的瓷窑,中心窑区在今河北省磁县观台镇和彭城镇地区,以生产具有强烈的民俗意趣的彩绘瓷著称。磁州窑产品的胎料淘练不够精细,胎有粗细之分:细者质地坚硬,细腻滋润,色白,以白釉制品为多见;粗者胎料淘洗不精,质地粗松,胎体厚重,多呈米黄、赭灰、灰白、黄褐等色,为了弥补缺陷,在胎的表面施有一层白色化妆土以遮盖胎色。磁州窑就是利用化妆土进行装饰,在化妆土上或划、或刻、或剔、或绘,最后施一层透明釉入窑高温烧成。北宋磁州窑流行在白色化妆土上进行刻划或剔地刻花,以较深的胎色衬托白色花纹,具有很强的立体感(图163)。在化妆土上划出花纹,再在空白处戳印圆圈,再

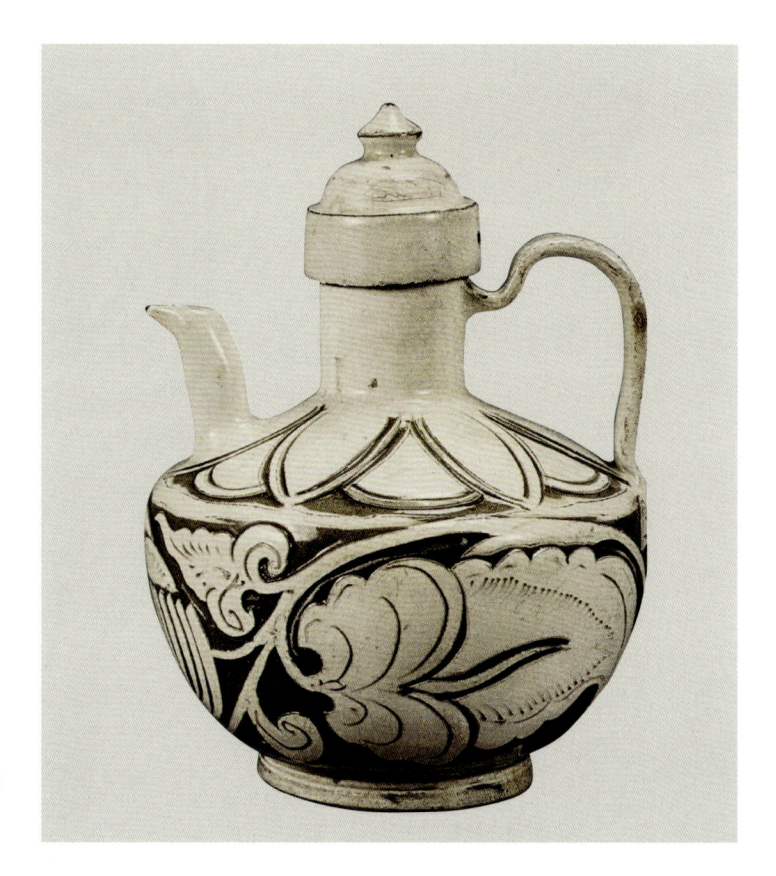

图 163 北宋
磁州窑白地剔花蔓草纹执壶
东京国立博物馆藏

图 164 北宋 登封窑珍珠地划花花卉纹瓶
上海博物馆藏

图 165 宋 磁州窑白地黑彩"清沽美酒"瓶
上海博物馆藏

用橙红色土充填纹饰,是为珍珠地划花(图164),具有仿金银器錾花工艺的效果。白地黑彩是磁州窑最具代表性的装饰手法,以明快的黑白色为主色调,通常在坯胎上敷白色化妆土之后,用毛笔蘸黑色颜料描绘纹饰,再罩透明釉入窑烧成。纹饰多取材婴戏、花卉、禽鸟、游鱼、诗句等,画面活泼自然,笔法简练豪放,寥寥数笔使画面栩栩如生,神情并茂,具有浓郁的生活气息(图165)。这种装饰效果在视觉上形成强烈的对比,艺术风格具有浓郁的生活气息。还有一种工艺是在白色化妆土上以黑色绘彩,然后再用尖状工具在黑色上勾勒纹样的轮廓线及细部,纹样线条古拙稚趣,图案生动夸张(图166)。这种结合彩绘和剔刻的装饰方法出现于北宋末而流行于金代,为磁州窑所独有。以人物故事、山水为题材的彩绘流行于金、元时代。磁州窑类型的产品除河北之外,河南、山西乃至陕西、江西等地的窑场也竞相效仿,形成了当时中国最大的民间瓷窑类型。

图166 金 磁州窑白地黑彩划花莲花纹枕 上海博物馆藏

四、幽菁脱俗的青花瓷器

青花瓷器是在瓷坯上用钴料绘彩，施透明釉后入窑高温烧造而成蓝色花纹装饰的高温釉下彩瓷器。唐代，随着钴料在三彩陶器上的使用，人们也尝试将它运用于瓷器上，结果也得到了美丽的蓝色。20世纪70年代江苏扬州唐城遗址出土了几件青花瓷片，所绘纹饰不再局限于点彩，而是出现了以线条描绘的各种花纹；1998年，从印尼爪哇岛附近海域发现了一条公元9世纪的沉船"黑石号"，其中发现了三件唐代中国生产的青花瓷盘（图167），这是首次考古发现的完整唐青花瓷器，其胎、釉具备了巩县窑的特点，其产地据考证是河南巩县。目前看来，当时的窑工制作青花瓷器不过是浅尝辄止而已，只给后人留下了几件器物及几片青花的碎片。元代前期，景德镇开始生产青花瓷器，但是是用未经提炼的国产钴料绘彩，得到的只能是晦暗的蓝色，毫无色彩的美感，其产量低下就十分自然的了。

图167 唐 青花盘 "黑石号"沉船出水 新加坡亚洲文明博物馆藏

（一）元代青花瓷器

人们认识元代景德镇生产的青花瓷器是从珀希瓦尔·大维德爵士（Sir.Percival David）收藏的一对有"至正十一年"铭的青花云龙纹象耳瓶（图168）开始的。两件瓶的造型和装饰相同，耳存而环失，瓶身自上而下装饰有八层图案，分别为缠枝菊花、蕉叶、云凤、缠枝莲花、海水云龙、波涛、缠枝牡丹以及杂宝变形莲瓣。其颈部均用青料书写有纪年题记，内容基本相同，仅个别字有异，字数稍多的一件题记为："信州路玉山县顺城乡德教里荆塘社奉圣弟子张文进喜舍香炉、花瓶一付，祈保合家清吉、子女平安。至正十一年四月良辰谨记，星源祖殿胡净一元帅打供。"这是唯一有纪年款的元代青花瓷器。英国的霍布森（R.L.Hobson）先生首先在1929年《老家具》（*Old Furniture*）杂志上发表《明代以前的青花瓷器》（Blue and White before the Ming Dynasty）一文中对它作了介绍；1934年又在《珀希瓦尔·大维德爵士收藏中国陶瓷目录》（*Catalogue of Chinese Pottery and Porcelain in the Collection of Sir Percival David*）一书中收录介绍了这对瓶。可惜没有引起人们的注意。日本学者1948年在《座右宝》第15卷发表《元の染付》一文，这是亚洲学者的第一篇关注元青花的文章。1949年以后，人们开始对这对花瓶的纹饰进行比较研究，试图从其他青花瓷器上找到类似的纹饰。美国华盛顿弗利尔美术馆的学者波普博士（Dr.Pope,J.A.）在1950年夏天分别对土耳其伊斯坦布尔的托布卡普王宫博物馆（The Topkapu Sarayi Museum）收藏的中国瓷器和伊朗德黑兰国立考古博物馆[（Iran Bastan Museum），现为伊朗国家博物馆（National Musem of Iran）]内原为阿德比尔寺收藏的中国瓷器（瓷器收藏在附属于14世纪中期萨尔德·阿尔—丁在阿德比尔为其父亲萨菲教派圣人萨菲·阿尔—丁所建造圣陵神寺的瓷器库中。据波普博士对伊斯坦布尔托布卡普王宫档案的研究，托布卡普收藏的中国瓷器的来源之一是1514年奥斯曼土耳其第九任苏丹塞利姆一世击败波斯王沙·伊斯迈尔后带回来的战利品）进行深入系统的调研，从中发现了一批与"至正十一年"瓶纹饰类似的青花瓷器。其成果分别在1952年出版的《14世纪青花瓷器：伊斯坦布尔托布卡普宫博物馆所藏的一组中

图 168 元
景德镇窑青花"至正十一年"铭龙纹双耳瓶
伦敦大维德基金会藏

图 169 元
景德镇窑青花海水白龙纹带盖八棱梅瓶
河北博物院藏

国瓷器》(*Fourteenth-Century Blue-And-White: A Group of Chinese Porcelains In The Topkapu Sarayi Muzesi*) 和1956年出版的《阿德比尔寺收藏的中国瓷器》(*Chinese Porcelains From The Ardebil Shrine*) 中加以披露。他认为："14世纪瓷器装饰纹样似乎比15和16世纪要丰富得多，而且与明朝主要时期瓷器纹饰风格的程式化增强相比，我们更容易辨识出其纹饰。"波普博士对元青花纹饰图样、特别是植物纹样所进行的详细辨识和分析，至今还有参考意义。

波普之后，并没有掀起元青花研究的高潮。整个20世纪50年代，所见专门论述元青花的文章只有一篇冯先铭先生的《十四世纪青花大盘和元代青花瓷器的特点》。作者从故宫博物院收藏的30多件14世纪青花瓷器中遴选出4件具有特殊器形和装饰图案的青花大盘进行研究，认为属于元青花。文章还介绍了土耳其伊斯坦堡托布卡普王宫博物馆和伊朗德黑兰阿德比尔寺收藏的"极为丰富的14世纪青花瓷器"。此时日本学者开始将元代的青花与明代青花一起介绍，其中关于元青花的论述明显受到波普博士的影响。

20世纪60年代仍然是元青花研究的沉寂期，仅见冯先铭先生在香港《艺林丛录》上发表的1篇短文，主要介绍元青花的造型与纹饰，是当时国内对元青花基本认识的缩影。1965年第2期《文物》杂志披露了1964年在河北保定一处元代窖藏中发现有6件青花瓷器，其中包括青花海水白龙纹带盖八棱梅瓶（图169）和青花釉里红开光镂花大罐，可惜没有引起人们的注意。

从20世纪70年代开始，元青花研究逐渐成为中国古陶瓷研究的热点，其主要原因是从70年代初开始，一批国内元代青花瓷器考古发现资料陆续发表，特别是随后几个出土重要元青花窖藏和墓葬的发现，直接推动了研究热潮的兴起。其中包括北京元大都遗址出土的青花凤首扁壶（图170）、安徽汤和墓和江苏句容出土的青花盖罐等。特别是1980年11月在江西高安的一处元代窖藏中发现了19件元青花，其中包括盖罐（图171）、带盖梅瓶、觚、高足杯等。从出土的元青花看，既有与土耳其、伊朗类似的大型典型元青花，也有纹饰简单的小型器物。从此元青花成为国内外持续的研究热点，开始了对元青花的系统研究，以后

图 170 元 景德镇窑青花凤首壶
首都博物馆藏

图 171 元 景德镇窑青花龙纹带盖罐
江西省高安市博物馆藏

图 172 元 景德镇窑青花飞凤纹葫芦瓶
土耳其伊斯坦布尔托布卡普博物馆藏

逐渐形成热潮。20世纪后期的研究主要从创烧年代、纹饰、造型、制作工艺、文化来源、流传、性质等方面进行,新世纪以后研究的领域有所扩展,热点集中到鉴定和鉴赏方面。

14世纪中期,景德镇生产的元代青花成为中国青花瓷器成熟的标志。当时景德镇窑的制瓷工艺进行了革命性的改革,在胎料的配制上采用瓷土加高岭土的"二元配方法",同时借鉴了吉州窑娴熟的绘彩技术,并引入优质的进口青料,终于在14世纪30年代以后生产出了以胎骨细腻洁白、釉质滋润透亮、青花色泽浓翠鲜丽而著称的青花瓷器。典型元代青花瓷器造型硕大、丰满、雄伟,器型包括大盘、大碗、大罐、梅瓶、玉壶春瓶、葫芦瓶(图172)、扁壶、高足杯、盘座、托盏、匜等等,其中不乏从传统造型演变过来的,而大盘、大碗、扁壶(图173)等则明显带有域外文化的影响。还有一些新创的造型,如盘座(图174)、高足碗等。

图174 元 景德镇窑青花番莲牡丹纹镂空盘座
剑桥大学菲兹威廉博物馆藏

图173 元 景德镇窑青花麒麟飞凤纹扁壶
伊朗国家博物馆藏

关于元青花的成型工艺，根据文献及实物验证，瓶、罐类"琢器"以阴模印坯分段成型，然后节装的工艺，在元青花器物的内壁可见用手或布抹平湿泥留下的抹痕，与拉坯、利坯留下的痕迹明显不同；碗、盘类"圆器"采用直接将坯泥置于阳模上，人工挤压拍打成型的工艺，与传统的先拉坯、后用阳模印拍定型的工艺迥异，脱模以后再置辘轳车上旋转修正器物外壁并挖出圈足。高足器的器身和足分别以阳模和阴模成型，然后以"接头泥"节装。元青花大量采用模印方法成型的原因之一是胎泥中加入可塑性较差的高岭土，增加了拉坯的难度所致。高大器物可见明显的横向接痕。

用从中东地区进口的"苏麻离青"绘彩，其特点是低锰高铁，青花呈色鲜艳纯正，青料浓厚处可见点点凹入胎骨的黑疵。纹饰繁密、层次丰富、构图严谨是元青花的装饰特点，它完全改变了唐宋以来瓷器花纹布局简疏的传统。细致工丽的绘画，加上繁复的层次，形成了花团锦簇、刻意求工的艺术风格。元青花的纹饰题材有以元曲为本的人物故事（图175），以及缠枝花卉、鱼藻、云龙、莲池、双凤花卉、开光折枝、竹石花卉瓜果等，几乎包括了飞禽、走兽、游鱼、鸣虫等门类的各种动物，最突出的是以缠枝花卉和蔓草为主的植物纹（图176）。花卉纹有大花大叶的特点，龙纹以小头、细颈、长身、三爪或四爪、无发或疏发的形状为常见，颇有时代特征（图177）。花叶浑圆饱满，布局讲究对称，表明已呈现图案化的趋势。这种布局规则满密、绘画工整的图案，使人感受到"阿拉伯式花纹"的意味。由于景德镇生产元青花的时间并不长，因此流传至今者并不多，据统计目前全世界收藏不足400件，其中大部分在国外，这是当时就作为贸易商品或者馈赠礼品出口而遗留海外的，国内只有60件左右，且大部分为考古发现。

关于景德镇生产元青花窑址。1965年首先在湖田窑发现了元青花大盘的残片，1972年对湖田窑的试掘中，又发现了9件元青花标本。虽然数量不多，但是证明"南河南北两岸出土的青花瓷器绝大多数都为'苏麻离青'型颜料。南岸青花瓷器以大盘为主，纹饰繁缛华丽，其中有的和伊朗、土耳其的传世品一致；北岸以高足杯、小酒杯为多，大盘仅见2件，纹饰简洁、疏朗、草率，和菲律宾出土的完全相同"。

图 175 元
景德镇窑青花鬼谷子下山图罐
美国私人收藏

图 176 元
景德镇窑青花牡丹纹罐
上海博物馆藏

图 177 元 景德镇窑青花云龙纹大盘 伊朗国家博物馆藏

图 178 元 景德镇窑青花龙纹鼓形平顶盖罐
景德镇陶瓷考古研究所藏

图 179 元 景德镇窑青花人物图匜
西安市文物保护考古研究院藏

2002年江西省文物考古研究所对南河南岸湖田窑址进行的发掘中，清理出元代龙窑和灰坑各一处。在窑内堆积中出土了元青花瓷片，报告称为"伊斯坦布尔型"。这是迄今为止湖田窑清理出的第一条元代龙窑，也是目前发现的保存最完好的烧造元青花的龙窑。1988年在珠山北麓风景路发现一批元青花瓷器残片，其器型有鼓形平顶盖罐（图178）、大盖盒、桶式盖罐等，纹饰有龙纹、变形莲瓣、杂宝、十字杵、凤穿牡丹等，以五爪龙纹为主。2000年以后，在景德镇老城区南端的小港嘴、落马桥、刘家弄、戴家弄、十八桥、四图里等处的元代窑址或遗址中先后出土元青花标本，从介绍看大部分是"至正型"青花。调查者认为，景德镇元青花窑址主要集中在湖田和老城区两地，都生产外销和内销的元青花。

关于元青花的年代。虽然中国在公元9世纪的唐代已经可以制作青花瓷器，但是还没有形成一定的规模，也没有留下成熟的工艺，元代青花瓷器烧制成功与唐青花没有直接的传承关系。关于元青花创烧年代，由于在1331年以后的新安海底沉船中没有发现青花瓷器，学者认为至少在14世纪30年代元青花还未向海外输出。有的学者认为元青花上常见的"莲池鸳鸯"花纹来源于元代的刺绣图案"满池娇"，为文宗所喜爱，而文宗天历年间（1328—1330）即是元青花输出伊朗的上限，而元青花创烧的年代应该在这以前。由于在杭州南宋遗址出土的定窑印花白瓷标本中曾经发现印花的"莲池鸳鸯"纹装饰，其布局、特点与元青花上的同类纹饰几乎完全一样，因此所谓"满池娇"题材出现的时代应该更早，其图案也不能证明元青花的创烧时间。在陕西西安曲江元后至元五年（1339）张达夫及其夫人墓中发现青花人物图匜（图179）则证明，在14世纪30年代景德镇已经有青花瓷器的生产。据科学检测，湖田窑产品胎中氧化铝（Al_2O_3）的含量以北宋中期和元代早期最低，以元代晚期最高。因此，景德镇地区比较成熟地采用瓷土加高岭土的"二元配方"的时间应该在元代晚期，即1320年以后，这也旁证了器型高大典型元青花的出现时间。对于一部分元青花出土于明初墓葬，有学者认为需要根据造型和纹饰的综合比较，从明代墓葬出土的元青花中的不同特点来"确定它们是同时代不同类型的器物，还是在时代上就有早晚的分别"，提出了从元青花中辨识一部分可能是明代早期产品的课题。从元至正十三年（1353）起一直到明朝立国，景德镇及附近地区一直遭受兵燹之害，人口散失，土地荒芜，社会经济大大衰退，短时间无法得到恢复。如此精美的青花瓷器不可能在明代初年由条件尚不具备的景德镇生产。

关于元青花的文化来源。元青花发源于中国，无疑主要传承中国传统文化。但是它的出现有特殊的历史原因，又处在元代这个多民族交融的历史环境之中，因此元青花包容了众多的文化因素，其中最主要的是中国文化和伊斯兰文化。元青花中的中国文化因素，主要表现在器物造型和装饰方面。典型元青花的造型大部分是继承传统造型演变而来，如梅瓶、玉壶春瓶、盖罐、葫芦瓶等。元青花装饰中的人物故事一般以元曲为本，人物形象多为中国装束。动物和植物题材中许多内容都是中国唐宋以来传统装饰中所常见的。在元青花的造型及装饰中也可以找到伊斯兰文化因素。最多见的大盘与中国传统的瓷器造型不同，而与中亚、西亚的陶制、金属制大盘相似，这与伊斯兰地区的围坐共食的饮食习惯相符；扁壶是随身携带的盛器，对于善于经商而经常外出的穆斯林是非常适宜的；高足碗传世不多，其中1件出土于新疆霍城窖藏，1件收藏于剑桥大学菲茨威廉博物馆（图180），其造型与美国纽约大都会收藏的1件13世纪后半叶叙利亚的描金玻璃高足碗（图181）十分相似。霍城窖藏还出土1件嵌银的铜高足碗，器形与青花高足碗相似，与美国克里夫兰美术馆收藏的嵌银铜高足碗完全相同，应该是波斯、中东一带的产品。一部分元青花作八方造型，给人一种线条挺拔硬朗的感觉。它与中亚、西亚金属器具有多边棱角的风格比较接近。元青花装饰上的伊斯兰文化因素主要表现在颜色和装饰形式方面。青花的蓝色图案不同于以往中国瓷器装饰的传统色彩。蓝色是深远、纯洁、透明的象征，令人感到神秘、渺茫和静肃，这与伊斯兰教所宣扬的教义和追求的"清净"境界相符。因此用蓝色装饰器皿和建筑就成为伊斯兰文化的传统。从12世纪起，伊朗、伊拉克、摩洛哥等地出现用彩色釉砖组合图案装饰清真寺和宫殿，其中蓝色成为最重要的颜色之一。层次丰富、布局严谨、图案满密是元青花的装饰特点，这种风格使人联想起伊斯

图 180 元 景德镇窑青花番莲纹高足碗 剑桥大学菲茨威廉博物馆藏

图 181 13世纪 叙利亚玻璃描金高足碗 纽约大都会博物馆藏

图 182 元 景德镇窑青花大盘上的波斯文 伊朗国家博物馆藏

兰地区的装饰。在瓶、罐等琢器上用多层次的横向带状分区形式装饰，在碗、盘等圆器上采用同心圆分区的方式多层次进行装饰，这在13至14世纪早期西亚地区的金属器皿和陶器上很容易找到它们的原型。随着蒙古军队西征，大批阿拉伯人及波斯人迁居内地，他们构成"色目人"的主体，其中就有被蒙古军队掳掠来的工匠。在伊朗国家博物馆收藏的一件元青花大盘在板沿的背面有用青料书写的波斯文（图182），行文十分流畅。因此，景德镇元青花的制作或许还有西域工匠的直接参与。

元青花的流行还与藏传佛教在元代的盛行有关。元朝蒙古统治者信奉藏传佛教，忽必烈曾经奉西藏高僧八思巴为"国师""帝师"，元青花器物上常见用仰、覆莲瓣纹作为重要的边饰，这与佛教的传统装饰相关；纹饰中还有各种形态的莲花。佛教倡导"远离尘垢，得法眼净"，莲花"出污泥而不染"的特性与佛教的理念相一致，因此莲花成为佛教的象征。莲花随着佛教的东渐传入中国，瓷器上用莲花装饰由来已久，魏晋南北朝及唐宋时期的瓷器上都有莲花装饰，元青花上的莲花有的为规则的图案，有的则以写实的形象出现，具有很强的装饰性。元青花上的变体莲瓣以粗细两道线条勾勒轮廓，双肩折角明显，莲瓣之间留有空隙,莲瓣内填以花卉、如意云头、杂宝等。俄罗斯艾尔米塔什博物馆收藏一件元青花"蒙古包"(图183),其中的"双锭"纹饰来源于佛教密宗的"杂宝",也有学者认为是"景教的十字"。

关于元青花的流传。元青花是一种主要为对外贸易而生产的外销商品。据元代汪大渊《岛夷志略》的记载,当时中国输出"贸易之货"中有"青白花瓷""青白花器""青白花碗""青白瓷""青白碗"等,应该就是青花瓷器。输入这类瓷器的港口包括波斯地区的"加里那"(故址在今波斯湾东北岸布什尔东南的哈里勒角,为当时东西方海上交通的港口之一)、"甘埋里"(故址在今伊朗东部,当波斯湾要冲,是东西方通商的重要口岸)、"天堂"(今麦加,穆斯林朝拜中心)等地。伊朗及土耳其收藏的元青花或许就来源于此。1960年在印度德里图格鲁克皇宫(Tughlaq Palace)遗址以北15公里,由14世纪的苏丹菲鲁兹·塔格拉克所建的寇特拉·鲁菲兹城堡发现了一批14世纪中国景德镇生产的青花瓷

图183 元 景德镇窑青花"蒙古包" 俄罗斯圣彼得堡艾尔米塔什博物馆藏

图184 14世纪印度德里塔格拉克宫遗址发现的元青花残片

器的残片，大约有70多件器物，主要是大盘和碗（图184），纹饰和造型与伊朗和土耳其的14世纪青花瓷器基本一致。旅行家伊本·白图泰曾经在14世纪40年代访问德里时到过那里，他在游记中提到当时有大量中国青花瓷器出口到印度。《岛夷志略》记载了天竺（印度）、朋加拉（孟加拉）、班达里（印度西南岸古港）、小具喃（位于印度西南部古国"古佛里"的港口）、乌爹（东枕孟加拉湾，今印度奥里萨邦北部）等地从中国输入的商品中有"青白花器"。印度德里发现的元代青花瓷器，为元青花的研究和传播提供了新的资料。

宋元时期，菲律宾、印尼等东南亚地区是中国对外贸易的重要转口港，输往近东、欧洲的货物往往在此中转。20世纪60年代以后，当地发现的14世纪中国青花瓷器及其标本引起了人们的注意，发现的元青花可分为两类，一类是大型器物，特点与伊朗、土耳其收藏的基本一致；另一类是简笔绘彩的小型器物。东南亚的元青花中大器主要在印尼发现，这与当时印尼主要作为贸易转口港的地位相符；小型器物则主要在菲律宾发现，有的器形特殊，应该是专为当地定烧的（图185）。《岛夷志略》记录了在菲律宾和印尼青花贸易的情况，如三岛（指分布在吕宋岛马尼拉湾南北的3个港口）、"爪哇""喃巫哩"（苏门答腊岛西北）、"丁家卢"（苏门答腊岛东岸）等都是当时的重要港口。

在西安发现了元青花匜，在甘肃临洮、武威等地发现了元青花玉壶春瓶、匜等，在新疆伊犁霍城县发现元青花凤首扁壶、高足碗等。从

图 185 元 青花双系小罐 上海博物馆藏

西安到甘肃、再到新疆,恰是传统的丝绸之路。这给人一种遐想,即除了海上陶瓷之路外,传统的丝绸之路可能是元青花流传的另一条线路,尽管其流传的数量和影响都不如海路。

关于元青花的性质。至元十五年(1278),朝廷在景德镇设"浮梁瓷局",有学者认为这是专为元代官廷生产御用瓷器的机构,属官窑性质,元青花属"浮梁瓷局"所烧造,并由官方的"画局"设计,应该是御用瓷器。但是从"浮梁瓷局"设置之初"将作院"尚未设立以及它管辖"掌烧造磁器,并漆造马尾棕藤笠帽等事"的职能来看,"浮梁瓷局"应该是当时管辖一方手工业生产的机构,或兼有为朝廷、官府定烧贡瓷等官用瓷器和其他手工业品的功能。1988年在景德镇风景路珠山北麓发现的元青花的纹饰多为五爪云龙纹,学者据此推论这批瓷器应该是元文宗时期的官窑产品。近年在景德镇老城区南面的电瓷厂元代窑址中也发现了绘有五爪龙纹的元青花标本。两地相差很远,不可能是风景路官窑的产品,这样元代官窑就不止一处。而且有印花五爪龙纹的卵白釉瓷器在湖田和镇区的多个窑址发现,这说明元代的官窑如果存在的话,景德镇所有的制瓷作坊都受浮梁瓷局的管理,都可能承担官廷、官府下派的烧造任务,而在没有任务的时候可以生产商品出售。这样的制瓷作坊的性质应该是民营的。著名的传世"至正十一年"云龙纹瓶是典型的元青花,其铭文表明它是为"玉山县顺城乡德教里荆堂社奉圣弟子张文进"所定烧的供器,不可能由官窑生产。有学者认为不是所有"至正型"青花都与上述云龙纹瓶一样是民窑产品，其中"有的可能是元官窑的作品"；浮梁瓷局只是一个管理协调机构，而真正的官窑应是"御土窑"；还有学者认为元代称高岭土为"御土"，而元青花大器的配料中必定使用高岭土，此"御土"的概念是否仅限于"御用"值得思考。蒙古军队重视有手艺的工匠，在战争中奉行"惟匠得免"的政策，并积极推行对外贸易，景德镇窑业因此得到极大的发展。目前尚未有证据表明元青花的大量出口与朝廷的对外交往有关，亦未能证明元青花的生产与浮梁瓷局有关，因此其性质应属商品，而生产商品的制瓷作坊的性质应属民营。民营的制瓷作坊除了生产商品之外，也可以承担官府和朝廷的定烧任务，有"枢府"等款的印花龙纹卵白釉瓷器就是官府的定烧器，其生产有余还可以出售，甚至出口，韩国新安海底沉船中就曾经发现有"枢府"款的卵白釉龙纹瓷器就是证明。元朝以军事立国，市舶收入是主要的财政来源，于是大力发展对外贸易成为国策。政府先后在泉州、庆元（浙江宁波）、广州等地设立"市舶提举司"，制定和颁布"市舶法则"，对海外贸易进行管理。外贸给政府带来了巨额收入，每年的市舶收入在元政府的财政收入中占据了很大的比重，成为"军国之所资"。丝绸和陶瓷是中国外贸的传统商品，由于元政府对丝织业严加控制，使元代丝绸的出口大大少于唐宋时代，瓷器遂成为元代外贸最重要的商品，元青花为外销而生产，是市舶收入的主要来源之一。元青花只有作为民窑生产的普通商品输出，才能保证市舶收入，这对于元朝政府来说是很重要的。

（二）明代明青花瓷器

1. 洪武时期

对明代初年洪武时期青花瓷器的认识还在元青花之后，在人们基本认识了元青花之后的一段时间内，往往把洪武青花瓷器看作是元代的。有关洪武青花瓷器的文献记载仅见于明洪武时松江人曹昭的《格古要论》。《格古要论》成书于洪武二十年（1387），流传较广的三卷本是万历二十五年的刻本。是书"古饶器"条作："御上（应为土）窑者，体薄而润最好，有素折腰样毛口者，体虽厚色白且润尤佳，其价低于定。元朝烧小足印花者，内有枢府字者高。新烧者足大，素者欠润，有青花及五色花者且俗甚矣。"如果上述三卷本的内容确为曹昭所撰的话，那么"古饶器"条中所谓"新烧者"云云当指洪武瓷器，由于记述过于简略，故无法了解洪武青花瓷器的基本情况。此外，清乾隆时朱琰的《陶说》、清嘉庆间兰浦的《景德镇陶录》等书中也有关于洪武瓷器的记述，但大多引自《格古要论》和有关志书，并有疏误之处，其中不见关于洪武青花的记载。

对洪武青花瓷器的确认，既根据考古发现，也借助于对洪武釉里红瓷纹饰的认识，以及通过对典型元青花和永、宣青花的排比。在南京明故宫遗址出土的一批青花瓷片标本中，有一件青花缠枝莲花纹碗标本，其纹饰的画风一改典型元青花那种刻板拘谨的风格，而以洗练潇洒的画笔，赋于纹饰以自然、生动的活力，盘心有三朵呈品字状排列的青花"风带如意云"（图186），内壁为两条印花行龙。这种以印花和青花两种装饰手法在同一件器物上分别用于不同装饰部位的装饰手法，与元代的不同，也不见于明永、宣及以后历朝的青花瓷器上。因此，似可以认为这是一种过渡时期的装饰特点，采用这种方法的青花瓷器时代可能为洪武初期。在南京明故宫遗址中发现的一件釉里红瓷器的残片（图187）上，有莲瓣纹装饰，瓷片虽然很小，但莲瓣和莲瓣里面的宝相

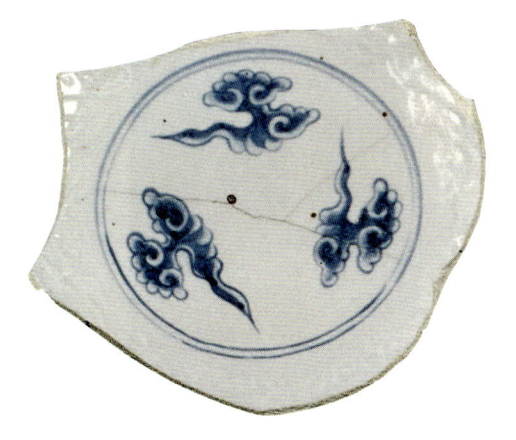

图186 南京明故宫遗址出土青花碗残片
南京博物院藏

图187 南京明故宫遗址出土釉里红残片
南京博物院藏

花的形式却十分典型，它既不见于元代至正型青花，也与明永乐、宣德时期的青花、釉里红纹饰迥异。根据这件标本，从上海博物馆、台北故宫博物院和美国纽约大都会博物馆分别收藏的釉里红缠枝花卉纹大碗上也找到了同样的仰莲瓣纹，从而确认它们是洪武时期的釉里红瓷器。进而，又从这几件釉里红大碗上的缠枝扁菊纹、缠枝牡丹纹、缠枝莲花纹、海涛纹、边饰勾连回字纹边饰等出发，找到了一批洪武时期以线条描绘为主要特点的传世洪武青花瓷器，有口径为20厘米或40厘米的大碗（图188）、大盘、盏托、玉壶春瓶、执壶、梅瓶等，它们分别收藏于故宫博物院、上海博物馆、首都博物馆、台北故宫博物院、英国大英博物馆、美国旧金山亚洲艺术博物馆、费城美术馆、日本出光美术馆以及瑞典国王古斯塔夫六世等。北京德胜门外出土的一件青花串枝花卉纹瓜棱盖罐（图189）与上海博物馆和日本梅沢纪念馆所藏洪武釉里红瓜棱罐相比，其造型和纹饰几乎完全相同，只是所用的绘彩材料不同而已。从上海博物馆藏青花"春寿"铭云龙纹束腰梅瓶（图190）的造型看，束腰撇足的特点与元代青花不同，口部已舍弃了元代梅瓶梯形口的特征而稍作外侈，足底并无元代大型器常见的釉斑，而局部呈褐红

图188 明洪武 景德镇窑青花缠枝牡丹纹碗 上海博物馆藏

第六章 幽雅清新的釉下彩瓷器 **157**

图 189 明洪武
景德镇窑青花串枝花卉纹盖罐
首都博物馆藏

图 190 明洪武
景德镇窑青花"春寿"铭龙纹梅瓶
上海博物馆藏

色，似刷过一层特殊的褚色浆料；从纹饰看，龙纹为五爪，爪尖一个向左侧弯，四个向右侧弯，恰形成一个轮形。虽然龙纹在典型元青花上并不罕见，但多为三爪或四爪。而明青花上的龙纹一般均为五爪，爪尖的形式也与此相同。云脚也不如元代那么细长，而富于变化，具有洪武"风带如意云"的气韵。

洪武青花瓷器的色泽多数青中偏灰、偏淡，青花浓重处不如元青花和明永、宣青花那么浓翠鲜丽，即使青花浓重处，也不见元青花和永宣青花那种黑疵。这说明这一时期所用的青料与元代和明永乐、宣德时期不同，也可能与烧造工艺有关。典型元青花和永宣青花都具有高铁低锰的特点，洪武青花则为高锰低铁，而前者正是进口青料的特性，后者为国产钴土矿的特征。由此，可以认为洪武时期进口青料的供应曾一度中断，故采用国产的钴土矿作为青花彩绘的原料。其原因除了战争以外，可能还与明初政权对民间的海外贸易严加控制，实行严格的"海禁"政策有关。目前所能确认的洪武青花瓷器，无论在品种上还是数量上都明显少于釉里红瓷器，应该与其发色不良有关。

从瓷器的制作工艺方面看，洪武青花瓷器一般具有如下特征：器物的胎骨不及元瓷浑厚，但与永、宣青花瓷器相比仍稍感厚重，质地亦比元瓷致密；釉质肥润微泛青色，有的略带元卵白釉的意味；碗和中小型盘类器的圈足直径趋于变大，圈足的高度也逐渐变矮，盘类器尤为明显，表现出正从小而高的圈足形式向大而矮的形式发展的趋势；洪武瓷底足的旋削形式基本上承袭了元瓷在足墙外侧斜削一周的作风，底足可见较明显的旋纹，有的底足中心也有乳钉状突起。但此时在一些碗类器物上出现底足平切的新特点，而且旋纹也比元瓷细密，这种器足的处理方法，为以后永乐、宣德瓷器所继承；元瓷大型器物底部无釉露胎部分，往往有不规则的釉斑或较大面积的釉块，而洪武瓷大型器底虽亦多为砂底，但绝无元瓷常见的釉斑或釉块；在洪武时期的一些广底的大型盘、碗类器物的底部常常刷有一层赭红色的浆料，刷痕明显，这种现象多见于釉里红瓷，在一些青花瓷中也有（图191），这是洪武瓷的一个重要特征，不见于其他时期的瓷器，它与元瓷和明瓷无釉砂底上自然形成的"火石红"也明显不同。这种赭红色浆料多施于无釉

图 191 明洪武 景德镇窑青花大盘（底部）

砂底，也有施于底釉之上。

洪武瓷的造型仍然带有较多的元代瓷器造型硕大雄健、古朴浑厚的遗风，但也显露出它正力图摆脱元瓷厚重粗笨的作风，孕育着以秀美飘逸而著称于世的明永乐瓷器造型的雏型。

洪武青花瓷器的纹饰以花卉为主，主题多为缠枝花卉，边饰也多具洪武特点。装饰题材基本上以缠枝和折枝的牡丹、莲花、扁菊花等花卉为主，以及少量的云龙纹，基本不见元代流行的人物故事、莲池鸳鸯、鱼藻等。与元代相比，题材比较单纯，动物纹的比例有较大幅度的减少，这就奠定了永乐瓷器以花卉纹饰题材为主的基础。从装饰的布局上看，纹饰的层次比元代明显减少，图案主题鲜明，边饰仅仅起衬托

图 192 明洪武 景德镇窑青花菊花纹大盘 东京出光美术馆藏

主题和辅助装饰的作用，而没有元瓷那种纹饰层次繁多，主题不突出的倾向。纹饰的繁密程度减弱却不很明显，特别与永乐青花装饰疏朗清新的风格比较，虽然更显华丽，但却给人一种滞重的感受。在洪武青花瓷中常见一种扁形菊花纹，有的以扁菊为主纹（图192），这在元瓷当中是很少见的。洪武的扁菊花呈椭圆形，花芯作斜网格纹，花芯外以双线描轮廓，菊花瓣有两重，里层为线描不填色，外层花瓣填色，并在每一花瓣的顶端和一侧留有白边，用来表现花瓣之间的间隔，使花叶的每一层轮廓和层次表现得很清楚。缠枝花卉是洪武青花瓷器上常见的装饰，洪武的缠枝花卉多以二方连续的形式，主要装饰于器物的周壁。枝干缠转流畅，节奏鲜明，具有很强的装饰性。元代的缠枝花卉环绕一般只有半周，而洪武则几近一周。这也是洪武与元代及永乐、宣德朝缠枝花卉图案的区别之一。莲瓣是最常见的边饰，多作为琢器肩部和颈部的装饰。与元代比较，洪武瓷器上的仰覆莲瓣纹开始出现边框只勾线而不填色，而元代莲瓣勾线后必填色；洪武的莲瓣纹常见每瓣间互相借用边线相连，而元代则每瓣分开各自独立不借用边线；元代常常在莲瓣内精心描绘各种花卉、如意云头或杂宝等，而洪武除少量的折枝花卉外，却多见单线勾描的涡卷纹、宝相花纹等。永乐、宣德期间的莲瓣纹或作双层重叠，完全改变了元代和明初洪武时期的形式。用回字纹作为器物口沿或圈足的边饰，为元代和明初瓷器上所常见，元代的回字纹边饰都是以单个回字排列而成，回字纹屈折的方向一致；而洪武的回字纹均作一正一反相连成对，与青铜器上的勾连云雷纹相类似。永乐以后的回字纹亦继承了洪武的形式，因此可以把它作为区别元瓷和明瓷的标准之一。元代的青花瓷器上常以波涛纹装饰在大罐、大盘的口沿或在云龙纹下方，有时也用作不同纹饰之间的间隔。元代的波涛纹极富特点，先以较粗的线条绘出波涛的外缘，然后在粗线之上绘以细密的曲线；洪武青花上的波涛纹一般仅见于盘、碗类的口沿，形式简单得多，先以较粗的线条在中间画一条连续的不规则曲线表示浪涛，其间缀以几个小圆圈表示水珠，在曲线的两侧分别绘上较短的竖线表示水纹。从形式上看，它明显脱胎于元代的波涛边饰，但不如元代那样富有动感。到永乐、宣德时期，波涛纹的画法发生了较大的变化，采取写实的手法，在蓝色的水波中以白色表示浪涛，十分逼真。因此，元代、洪武和永乐、宣德青花上的波涛纹各具特色，有鲜明的时代特征。

关于洪武瓷器的性质，明清文献对明代景德镇御器厂的设置年代有几种不同的记载，人们对历史文献的理解也各异。大致可以归纳为三种观点，即洪武二年（1369）说、洪武三十五年（1402，即建文四年）说和宣德元年（1426）说。宣德初年朝廷首次派出宦官前往景德镇督陶，并且在鄱阳县城设立"御器厂"以检验景德镇产品的质量，实际上景德镇为宫廷生产御用瓷器要早于1426年。关于明代景德镇御器厂究竟是设置于洪武二年还是洪武三十五年，目前学术界众说纷纭，莫衷一是。根据文献资料，景德镇御器厂不可能在洪武二年设立，理由如下：其一，从当时的全国形势看，洪武元年朱元璋登基称帝时，距离取得最后胜利、完成统一还存在相当远的路程，他必须继续进行大规模的军事行动，铲平尚存的实力集团和推翻元朝的统治。到洪武十五年（1382），朱元璋在相继征服了方国珍、陈友定、明玉珍等地方割据势力，驱逐元朝残余力量于漠北之后才基本完成了统一。洪武初年，面临这种兵戈未息、军费开支浩大、全国疮痍未治、百废待兴，全国许多地区"城郭空虚、土地衰残"，"道路皆榛塞、人烟断绝"的局面，明朝政府不能也无力在景德镇设置御器厂。朱元璋曾说："我积少费多，取给于民，甚非得已，亦皆为军需计用。"这些话绝非饰词，而正反映了当时的客观情况。其二，元末明初景德镇及附近地区兵燹不断。文献记载统计，从元至正十二年（1352）三月红巾军徐寿辉部攻克浮梁城，到至正二十三年（1363）八月朱元璋在鄱阳湖大败陈友谅，收复包括浮梁在内的鄱阳湖周围地区，在短短的11年内，景德镇及其周围地区就遭到多达11次的兵祸，其中不仅有农民起义军与元军之间的战争，也有起义军之间的争夺以及土匪的骚扰。比较一下明代洪武时期景德镇的人口、耕地数据，据洪武二十四年（1391）的统计，与百年前的元至元二十七年（1290）相比，浮梁县户数骤然减少了五分之三强，人口减少将近一半，耕地则不及七十六年前元延祐二年（1315）的三分之一。朱元璋对浮梁的治理和经济恢复工作在1360年朱元璋部将邓愈第一次攻下浮梁时就已经开始，到洪武二十四年经过31年的恢复，景德镇经济仍没有达到元代的水平。从人口和耕地方面所反映的浮梁与全国的经济发展水平极不平衡的情况，除了用元末明初的战争对浮梁地区的破坏程度远远超过全国其他地区来解释外，别无其他令人信服的解释。元末明初十余年的战争给景德镇及其附近地区带来了深重的灾难，终洪武一朝尚未完全恢复过来。景德镇制瓷业当然也不会幸免于难，工匠流失，窑场被毁，绝不是在短时间内所能恢复起来的。因此，景德镇不具备在洪武初年设立御器厂的客观条件。其三，据《明实录》记载，洪武十五年（1382）七月，朝廷曾经"给饶州等府工匠钞一千九百余锭"。结合洪武十六年朝廷赏赐给占城、暹罗、真腊三国瓷器"五万七千余件"记载来考虑的话，依照当时的惯例，这里当指饶州（景德镇）、处州（龙泉）的制瓷工匠。如果景德镇已经有了御器厂的话，根据"输班匠"制度的规定，工匠有为政府定期服役的义务，工料等开支均有江西地方政府负责。这种直接由朝廷付钞给工匠的做法或是由朝廷直接向当地的民窑采办瓷器。以后也有这样的例子，如正统元年（1436）景德镇御器厂一度停烧，由"浮梁民进瓷器五万余，偿以钞"。虽然在景德镇御窑厂遗址历年的发掘中出土了不少洪武瓷器标本，在北京四中原明代瓷器库遗址发现洪武瓷器的碎片，但这不能说明洪武二年就已经设立御窑了。在景德镇珠山东麓发现了一些明代早期的遗物，其中一些青花与釉里红大盘的残片具有洪武瓷器的典型特征，故该地层被认为属于洪武时期。地层中还出土了一些白色的瓷砖、瓷瓦和印有"官匣"字样的桶形匣钵。在瓷瓦的凹面一端有黑色的题记，将当时制作瓷瓦的工匠及里甲首长、监工、监造等各级官吏的姓名一一列出，据此可以认为，景德镇当时承担了瓷砖、瓷瓦的烧造任务。这种任务由中央政府层层下达，并由地方官吏监造，由当地民窑烧造。一些印有"官匣"的匣钵，并不能证明官窑的设置。因为明代御器厂遗址永乐至成化时期的地层中都有同类桶形匣钵出土，但从未见到匣钵上有"官匣"等类似字样的。因此可以认为，有"官匣"字样的匣钵是洪武时期当地民窑承担官用和御用瓷器烧造任务时，为保证烧制质量而专门制作用于装烧这些产品的匣钵。这样便可以在装窑时与其他产品相区别，将其置于较好的窑位上。而永乐以后的御器厂是专门生产官窑瓷器的窑场，就毋需再在匣钵上专门加以标注了。在御窑设立之前，不排除此处有瓷窑烧造官府或者朝廷定烧瓷器的可能，这类瓷器可以视为广义上的"官窑"。

2. 永乐、宣德时期

从明代永乐朝开始，景德镇青花瓷器又重现辉煌，它与宣德朝一起，成为我国青花瓷器的黄金时期。青花瓷器从元代到明永乐，已有约70年的历史，由于纹饰的繁复而被人视为"俗甚"的青花瓷已逐渐被国人接受。当然，自永乐起，青花的装饰风格也慢慢向符合中国人传统的疏朗、简约的方向靠拢，这就使青花开始进入中国的主流社会，遂成为景德镇生产的最主要的品种。釉质肥润、胎骨轻薄的永乐青花给人以轻巧秀美的感觉，其花纹装饰以花卉（图193）、瓜果（图194）、龙凤及少量花鸟、人物为典型，大多疏朗秀丽，笔意自然，流行多留空白地的装饰，显得清新明快。以较细的菊瓣装饰碗的外壁，成为永乐青花瓷器的标志（图195）。而宣德青花则显得比较庄重，其胎骨较厚实，釉色微微泛青且有桔皮纹，纹饰笔法苍劲、笔意豪放，多见神情凶猛的五爪龙纹（图196），还有花卉、凤凰、海兽、鸳鸯、双狮戏球、松竹梅、人物故事等。以青花海水为地，衬托白色的龙纹，是宣德青花的一个特色，龙的鳞片以刻花的形式表现。由于传世数量少，故弥足珍贵（图197）。

成祖和宣宗皇帝都曾积极经略、安抚西域各国，经常派遣使者出访。在永乐和宣德官窑瓷器中，有一些器物明显带有伊斯兰造型风格，如扁壶、抱月瓶、花浇（图198）、烛台、盘座、波斯型执壶、折沿洗、卧壶（图199）等等，大都可以在同时期的中东地区的金属或玻璃器皿

图193 明永乐 景德镇窑青花折枝茶花纹扁壶 上海博物馆藏

图 194 明永乐 景德镇窑青花花果纹碗 上海博物馆藏

图 195 明永乐 景德镇窑菊瓣纹碗 上海博物馆藏

中找到祖型。显然,这是为赏赐和报聘西域诸王而命景德镇特别生产的。元代流行的大盘继续流行。

此时所用青料主要仍以进口的苏麻离青为主,发色浓艳,青料浓厚处可见凹入胎骨的黑疵。胎釉精细,造型多样,纹饰优美。永乐朝出现的青花金彩及宣德朝流行的青花海水地白龙纹装饰甚为精美。自永乐起,官窑瓷器上开始书写帝王年号款,永乐为四字篆书"永乐年制"款,在器物底部,但极为少见;宣德为楷书"大明宣德年制"或"宣德年制"款,大多在器物底部,也可以在器物的口沿、肩部等处,故有"宣德款识遍器身"之说。

图 196 明宣德 景德镇窑青花龙纹天球瓶 故宫博物院藏

图 197 明宣德 景德镇窑青花白龙纹盘 王洁之捐赠 上海博物馆藏

第六章　幽雅清新的釉下彩瓷器　167

图198 明永乐
景德镇窑缠枝花卉纹花浇
上海博物馆藏

图199 明永乐
景德镇窑青花缠枝花卉纹壶
故宫博物院藏

3.正统、景泰、天顺时期

明正统、景泰、天顺三朝（1436—1464），历二十九年。在这段不长的历史中，先后发生了明英宗朱祁镇亲自北征蒙古瓦剌部，兵败几乎全军覆没，英宗皇帝被俘的"土木堡之变"以及英宗回归之后在石亨等大臣的帮助下，废其弟代宗景泰帝朱祁钰而恢复帝位，改号天顺而发动的"夺门之变"。外患与内乱交织，造成政局动荡、百事不兴、民生艰难的局面。

在中国陶瓷史上明正统、景泰、天顺三朝瓷器烧造情况不清、面貌不明，未见有明确帝王年号款的官窑瓷器传世，又罕见带有纪年款识的民窑瓷器，因此对于这个时期景德镇御器厂生产情况的认识长期处于混沌之中，学者习惯上把景德镇这一段瓷业生产的特殊时期称之为"空白期"。

近几年来，随着考古资料的发现和文献资料的梳理，对这个时期景德镇瓷器生产情况和面貌的认识逐渐开始有了眉目。在历史文献中有关于这个时期景德镇进贡瓷器的记载，如"正统元年，浮梁民进瓷器五万馀，偿以钞"。也有关于宫廷要求饶州（景德镇）烧造瓷器的记载，如（正统元年）"宫殿告成，命造九龙九凤膳案诸器，既又造青龙白地花缸。王振以为有璺，遣锦衣指挥杖提督官，敕中官往督更造"；正统七年六月"工部以有司所造九龙九凤膳亭及龙凤白瓷罐俱不及式，治调官罪复令改造。上恐劳民，诏勿改造，提调俱宥之"。看来当时烧造的质量并不过关。类似情况以后继续发生。正统九年五月"江西饶州府造青龙白地花缸瑕璺不堪，太监王振言于上，遣锦衣卫指挥往杖其提督官，仍敕内官赍样赴饶州"。由于当时政局的原因，皇帝几度要求景德镇减少烧制瓷器的数量，如"景泰五年奏准光禄寺日进月进内库、并赏内外官瓶罇，俱令尽数送寺补用。量减岁造三分之一"。天顺三年十一月"乙未，光禄寺奏请于江西饶州府烧造瓷器共十三万三千有余，工部以饶州民艰难奏减八万，从之"。从文献记载看，至少证明正统、景泰、天顺年间，景德镇还在为朝廷烧制瓷器。那么，是景德镇窑户还是御器厂烧制的？正统元年"浮梁民进瓷器五万馀，偿以钞"、正统七年"工部……治调官罪复令改造。上恐劳民，诏勿改造"、天顺三年"光禄寺奏请于江西饶州府烧造瓷器共十三万三千有余，工部以饶州民艰难奏减八万,从之"等文献记载看,其相当部分还是由窑户承担的。

近年来,据景德镇陶瓷考古研究所披露,在景德镇御窑遗址发现了一批介于宣德和成化之间的地层,出土了一批以青花为主的瓷器标本,丰富了人们的认知。至于这个时期严格意义上由官府直接管理的"御器厂"是否还维持正常的生产,目前下结论为时尚早,还要等待考古和文献资料的进一步"发掘",单凭出土"五爪龙纹"的标本就断言还不能令人信服。因为自宣德以来,朝廷几番下令"禁私造黄、紫、红、绿、青、蓝、白地青花诸瓷器,违者罪死",说明民间仿官窑烧制的情况还是很普遍的。正统、景泰、天顺三朝的青花一般多无官款,因而无法了解这一时期官窑青花瓷器的详情。从青花的呈色看,并未完全摆脱永、宣小笔渲染的影响,青花浓艳处仍见黑疵斑点,但与永、宣青花相比,釉色更青。在景德镇发现的和上海博物馆收藏的正统青花云龙大缸、大罐(图200)展现了所谓15世纪"空白期"青花瓷器的风采。正统至天

图200 明正统 景德镇窑青花云龙纹大罐 上海博物馆藏

顺的青花多为民窑产品，青料多为国产料，大多呈蓝中偏灰的色泽。器物制作较粗，纹饰绘画不够精细，以缠枝和折枝花草纹为多见，另有琴棋书画（图201）、楼台亭阁、人物故事（图202）等。其中人物及楼宇等画面多置于云雾缭绕的幻景之中。人物脸部鼻子多尖角突出，柳树枝条犹如断续的雨点，线条古朴，画面写意。造型以瓶、罐、执壶、碗、盘类器为多见，器物宽大，瓶、罐类底部挖足较浅，碗、盘类器底足稍深。其中碗、盘类器底有跳刀痕，瓶、罐类器底有褐色铁锈斑痕。

图201 15世纪 景德镇窑青花仕女图罐
胡惠春、王华云捐赠
上海博物馆藏

图202 15世纪
景德镇窑青花"携琴访友"图瓶
上海博物馆藏

4.成化、弘治、正德时期

与使用进口"苏麻离青"绘彩的永乐、宣德青花不同,成化青花的青料是产自景德镇附近乐平的平等青(陂塘青),虽然发色不如永宣青花那么浓翠,也没有黑色斑点,但是用经过精细加工提纯的国产青料绘彩,已经没有国产青料过去那种灰暗的色调,而呈现柔和淡雅的蓝色,这正是成化青花的主要风格。成化瓷器以制作精细而著称,它一改宣德雄健豪放之风,造型玲珑俊秀,胎釉细润晶莹,色调柔和宁静,绘画淡雅幽婉,线条纤细柔美,绘制极为精细,采用双勾边线,大笔涂色的方法,色调比较统一,也缺乏永宣青花的层次感。器物以小件为主,龙纹是成化青花最流行的纹样,有云龙、团龙、行龙、飞翼龙、夔龙(图203)、花间龙、莲池龙等,此外尚有十字杵、庭院婴戏、松竹梅、八吉祥纹(图204)、花鸟、海兽等,亦有以藏文、梵文为装饰者。龙纹失去了以往的威严,而常与花草为伴。成化青花瓷器以小件为主,故器物底部大都施透明釉,并有"大明成化年制"六字青花楷书款。少量底径为20厘米左右的盘偶见无釉砂底,火石红十分明显,其特点是看

图203 明成化 景德镇窑青花夔龙纹碗 上海博物馆藏

图204 明成化 景德镇窑青花莲托八吉祥纹盘 上海博物馆藏

似十分粗糙，用手抚之却感到如似糯米粉般滑糯，此为出窑后精心打磨所致，为成化青花的特点之一（图205）。

弘治时期青花瓷器承袭成化制作工艺，青花的特点与成化相仿，造型俊逸，线条优美，器型一般都不大，少见大件琢器，而以盘碗居多。胎骨和成化一样，极为细致；釉质如玉如脂，釉色青亮闪灰或泛白；继续使用江西乐平产的平等青料，青花发色浅淡；惟以龙纹装饰较多（图206），包括云龙、海水龙、翼龙、团龙、莲池龙等等，还有少量的花果纹等。由于弘治皇帝趋于简朴，几度令官窑停烧，故传世弘治官窑青花瓷器比较少见。

正德官窑青花瓷器开始改变成化、弘治那种纤细、淡雅的风格，大型器物增多，造型凝重浑厚，釉质肥厚而细润不足，釉白中泛青。使用江西瑞州（今高安）的"石子青"绘彩，石子青属于高锰类钴料，因此青花颜色发灰。纹饰均以双勾填色，一笔平涂，无层次。笔意豪放潇洒与纤细工丽并存，装饰图案以龙纹（图207）和缠枝花卉为主，有婴戏、人物等，还流行佛、道色彩的八宝、八仙图案和用阿拉伯文书写箴言、《古兰经》（图208）。纹饰布局较为满密，与前朝风格迥异。由于宫廷需求的增加，器物造型也趋于多样化，增加了烛台、渣斗、花盆、香炉、洗、笔架、笔盒、砚台等。

图 205 明成化 景德镇窑青花折枝花果纹盘（底部）上海博物馆藏

图 206 明弘治 景德镇窑青花龙纹碗（底部）上海博物馆藏

图 207 明正德 景德镇窑青花龙纹盘 上海博物馆藏

图 208 明正德 景德镇窑青花阿拉伯文碗 故宫博物院藏

5.嘉靖、隆庆、万历时期

从嘉靖朝起，青花色泽一反成化、弘治时的淡雅和正德时带灰的色调，而呈现一种蓝中微微泛现红紫的浓艳色泽（图209）。当时所用的青料是西域（新疆）的"回青"与江西的石子青按比例配制而成，既没有永宣青花的黑斑，又比成化、弘治青花浓艳，也没有正德青花的灰色调，形成嘉靖、隆庆、万历时期青花的典型特点。嘉靖青花的造型较以前丰富得多，出现了葫芦形、方形（图210）和仿青铜礼器的造型。纹饰除了传统的龙、凤、花卉之外，流行云鹤、八仙、八卦等带有道教色彩的图案以及婴戏、鱼藻等题材。画风自然不拘，多写意。嘉靖朝长达45年，其款识楷体书法基本一致，折角较为硬朗，颇有硬笔书法的意味。

隆庆一朝仅6年，青花瓷器传世不多，以提梁壶、方盒（图211）等为典型器，纹饰画意潇洒飘逸，署款多以"造"替代"制"，如"大明隆庆年造"。

图209 明嘉靖 景德镇窑三阳开泰碗 上海博物馆藏

图 210 明嘉靖 景德镇窑青花婴戏图盒 上海博物馆藏

图 211 明隆庆 景德镇窑青花团龙纹方盒 上海博物馆藏

万历青花器型最为丰富，多见大件器物（图212），常见各式瓷盒及文具类器物，瓷塑则体现了当时的造型艺术水平（图213）。器物制作渐趋草率屡有变形、夹扁、窑裂等现象，特别是方形、多边形器物更是如此。纹饰也逐渐变得布局繁密、主题不明，画笔简单潦草，有的如儿童画一般稚拙，龙纹呆滞无力、气魄不足，人物则往往比例失当。

关于青花料的加工工艺，据明嘉靖年间《江西大志·陶书》记载是用水进行淘洗，并以磁石吸去杂质的"水洗法"，"真清澄定，每斤可得五六钱"。成书于崇祯十年（1637）的宋应星《天工开物》记载，当时开始用"火煅法"来处理青花料。从传统的水选法改为火煅法，是青料加工工艺的重大改革，大大提高了钴料的纯度。万历后期由于回青料用竭，而改用产自浙江金华一带的"浙料"，特别是当时改进了青料提炼的技法。使得青花的发色质量由蓝中泛灰变为明艳的蓝青色。

景德镇御器厂的工人主要有"官匠"和"雇役"两部分组成，包括有技能的工匠和从事辅助工的普通劳力。按当时的制度，具"匠籍"者每四年一班服役，而且只要交纳"班银"（一两八钱）就可以免于服役。但是实际上繁重的御器烧造任务，往往连续不断，其结果是"正班各匠服役，今二十余年未得停止，告部缴查，又因烧造未完，未造册缴部，身服庸役，又纳班银，亡所告诉，实不胜困"。按常年的配置，官匠约有三百人左右，加上雇役来的有技艺的"高匠"和五百多名辅助工人，御器厂的工匠总数当在千人以上，规模不可谓不大。明代景德镇御器厂的烧造规模以嘉靖、万历时期最大。据《江西大志·陶书》等文献的记载，嘉靖年间万件以上的烧造任务13次，共计63万余件；隆庆朝一共六年，故隆庆五年"各样瓷器……共十万五千七百七十桌、个、对……"的任务一定无法在隆庆年间完成，势必延续到万历以后继续烧造；万历年间见于记载的万件以上的烧造任务尽管只有两次，但是每次的数量都极大，万历十年和万历十九年的任务，共计35万余件。当年官窑瓷器的成品率一般不足10%，因此当时的烧造量远远高于任务量，实际烧造量要翻十倍，其数量是相当可观的。

正是由于服役的上班匠和招募的高匠都是景德镇技艺最高超的各类制瓷工匠，因此长期以来景德镇的民窑发展受到了很大的限制。

图 212 明万历
景德镇窑青花鱼藻纹蒜头瓶
上海博物馆藏

图 213 明万历
景德镇窑青花吹螺人像
上海博物馆藏

6.17世纪——明末、清初时期

从万历后期开始，由于国力衰微，景德镇几乎不再为朝廷制作御用瓷器，御器厂基本上陷入停顿之中。数以百计的身怀技艺的工匠迫于生计，一定会到能充分发挥他们作用的地方去谋生，最好的选择是进入民营瓷器作坊。御器厂停烧以后，官方对当地优质制瓷原料的控制日益衰弱，民营窑场有机会得到过去被严格管制的优质原料，加上明代后期政府对海外贸易管制的松弛，瓷器遂成为17世纪中国对外出口的重要品种。官窑优秀工匠的精湛技艺和景德镇得天独厚的优质原料，使景德镇民窑瓷器的品质得到了极大的提高，海外市场的开拓使景德镇瓷器成为当时行销海外最主要、也是最受欢迎的中国瓷器。天启、崇祯、顺治直至康熙早期，在出口的刺激下，景德镇青花瓷器的风格发生了较大的变化，学术界称之为"转变期"。

此时，署干支款的瓷器开始出现，并逐渐增多，这就为对其特点及分期的研究提供了依据。明万历二十九年（1601）至崇祯三年（1630）可以归为一个时期。这个时期的瓷器一类主要承袭万历以来的特点，因为御器厂的工匠较多受到传统的影响，因此造型可以是适合于民间所用，装饰往往承袭了嘉靖、万历以来的风格；另一类是贸易瓷，如大家熟悉的"克拉克"瓷，这类器物无论造型还是纹样都与传统不同，而是根据新的消费群体的要求进行生产的（图214）。此时出现了一种新的青花绘画技法——分水法，使得青花表现出浓淡不同的层次，效果如同中国传统水墨画一般，由于是初创阶段，应用并不普遍。窗格纹（又称"长脚卍字纹"）是17世纪20年代出现的新纹样（图215）。

明崇祯四年（1631）至清顺治七年（1650）是第二个时期，这一时期景德镇瓷器风格经历了一个从量变到质变的过程。从造型看，象腿瓶、笔筒（图216）、净水碗等开始流行，钵形和直筒形的香炉继续流行。从纹饰看，具有较明显的特征，受到明代晚期发达的版画的影响，大量出现取材于版画和小说插图的历史、戏曲等故事题材的作品，龙纹主要见于香炉等宗教祭祀器物。从绘画技法看，分水法已被广泛使用，青花色彩的层次日渐丰富，绘画细腻、精致。山水中，远山常以淡彩涂抹，近山则以浓彩用斧劈皴的手法绘就，极具层次感和纵深感；瑞兽狮子、

图214 明万历三十一年（1603）
青花花鸟纹开光盘
江西省博物馆藏

图215 "崇祯二年（1629）"
题记青花龙纹香炉
上海博物馆藏

图216 "癸未"（崇祯十六年 1642）题记
青花十八罗汉图笔筒 上海博物馆藏

图217 "崇祯拾贰年（1639）"题记青花人物图净水碗 上海博物馆藏

麒麟经常作为装饰的主体；开始出现以V字形草地的画法（图217）；部分器物的口沿出现"酱口"装饰。题款字体以隶书体为主，出现署书斋、画室名号如"慎读斋""玉兰斋""水竹居""可竹居"等。

（三）清代青花瓷器

1. 顺治时期

清顺治中后期，青花瓷器装饰的主要特点与前期相比，龙纹有增多的趋势，并且更显得苍劲、夸张、凶猛；麒麟、大象等被视作瑞兽的动物更多地在瓷器上出现（图218）；与前期相比，倒垂焦叶的画法趋于两极发展，一种比以前精细，形象也放大了，一种比以前简化，形象也小了，逐渐与莲瓣的形象接近；"酱口"继续流行。题款较多出现楷书体。

图218 "顺治十六年（1659）"题记青花异兽纹炉　上海博物馆藏

2.康熙时期

康熙早期的景德镇青花瓷器与前期相比，它显示较多的变化，可以把它看作是一个新的转变时期。在山水画的绘画技法上，传统的大笔挥洒的斧劈皴画法趋向成熟，开始出现运用线条表示山峦层次的披麻皴技法（图219）；草地表现为随意的苔点；大盘和一部分小型盘或碟通常为双圈足的形式。

据文献记载，清代御窑厂从康熙十九年（1680）开始恢复生产，因此，康熙中期是一个特殊的时代。一方面，明代晚期以来景德镇民窑的蓬勃发展给景德镇制瓷手工业带来了清新的艺术风格，这对于清代初创阶段的御窑厂的影响是十分深刻的；另一方面，官窑的恢复重建意味着景德镇将重新开始生产质量精美的瓷器供皇室御用，这种对质量的追求也会影响到周围的民营窑场。康熙中期景德镇民窑瓷器在这种环境里风格发生着变化。在瓷器上开始出现以长篇诗赋作为装饰，常见前后《赤壁赋》等历史上的著名篇章（图220）。题款的楷书和行书更加秀丽。在一些器物上出现的淡描青花绘画十分精细，完全脱离了图案化和程式化，给人一种清淡、典雅的艺术感受（图221）；双圈足已经不再出现；笔筒不再是单纯的平底无釉，而是作"玉璧底"。在平底的中心有一个圆形的凹陷如"肚脐"。底部仅在边沿与"肚脐"

图 219 清康熙
景德镇窑青花披麻皴山水盘
英国巴特勒家族藏

图 220 清康熙二十六年（1687）
"丁卯"题记青花《前赤壁赋》笔筒
上海博物馆藏

图 221 清康熙三十四年（1695）
"乙亥冬日"题记淡描青花渔家乐图笔筒
上海博物馆藏

之间有一无釉涩圈。这是笔筒的装烧方法从以前的垫烧转变为支圈支烧的证据。

康熙十九年以后，皇家派臧应选等官员前往景德镇监督烧造官窑瓷器，烧造从康熙十九年一直持续到二十七年，其时烧造很多御用瓷器，青花是大宗产品，烧造器物形制丰富，圆器、琢器各式产品均有，但大件器物并不多见。康熙四十四年至五十一年，江西巡抚郎廷极在景德镇督烧官窑瓷器，目前在传世品中见有不少康熙六字官款青花瓷器，应属康熙晚期烧造（图222）。

康熙器物造型丰富，风格凝重古拙，胎体较厚重，象腿瓶、花觚、凤尾尊等具有鲜明的时代特征（图223）。青花有翠毛色或宝石蓝色，色调多青翠明艳，色泽鲜丽，莹澈明亮，绘画更为精细，层次丰富，可以表现出景物的阴阳向背、远近疏密，使画面富有立体感。这种多色阶的青花，突破了传统平涂的单调，使青花如同五彩缤纷般多姿，因此康熙青花又有"五彩青花"之誉。青花构图舒展，意境深远，纹饰题材有山水、花卉、花鸟、人物等画面和图案。山水多宗法南宋画院派的传统风格，绘远山深壑，山石习用"斧劈皴"技法（图224）；人物则受老莲画风的影响，有仕女、婴戏、僧侣、八仙以及以《三国》《水浒》《西厢记》等为蓝本的人物故事题材。还出现了诗、词、赋等题材。

图 222 清康熙 景德镇窑青花耕织图碗 上海博物馆藏

图 223 清康熙 景德镇窑青花龙辇图瓶
上海博物馆藏

图 224 清康熙 景德镇窑青花山水图瓶
上海博物馆藏

3.雍正时期

雍正瓷器选料精细、工艺严格、火候适度,因此瓷胎坚硬、洁白而细润,优质莹润、细腻、光洁,制作工艺精湛,造型一改康熙时浑厚古拙之风,代之以隽秀典雅、工丽妩媚之貌。器物品种繁多,雍正瓷器的典型器物以盘、碗、杯、碟和小型陈设器为主,十分优美俏丽,具有自己独特的风格。

雍正历年不长,传世的官窑瓷器不多,但是制作都很精致。雍正四年皇家下令御窑厂大规模烧造,当时有记载的瓷器烧造品种达到57种,其中烧造数量最多的是青花瓷器。雍正青花一改康熙风格,多见刻意摹仿永乐、宣德青花的造型、图案(图225),甚至有意识用笔点染,以期形成黑斑等特征。而康熙青花那种鲜丽而多层次的特点已不复可见,粗犷古朴的画风也被工丽妩媚所替代(图226)。雍正青花圈足足端最典型的特点是呈"泥鳅背"状的滚圆足,官窑器足底胎质细洁光滑,足的砂底也细腻光滑。这都是器物出窑以后经过细致打磨的结果。

图 225 清雍正 景德镇窑青花折枝花果纹瓶 上海博物馆藏

4.乾隆时期

乾隆时期，景德镇御窑厂的烧造呈常态化，官窑瓷器产品呈多样性，数量大幅度增长，以青花和彩瓷为烧造主流。清宫档案显示，从乾隆元年到六十年，御窑厂烧造从未间断，据统计当时烧造的总数接近200万件。乾隆前期，瓷器胎质与雍正相似，十分精细；乾隆中期以后，胎质的精细程度较雍正时逊色。其釉质肥腴而坚致，晚期釉质渐趋粗糙。乾隆瓷器的造型风格华丽，器物制作甚为精致，其中一些造型新颖的器物，成为乾隆瓷器的特色。

乾隆官窑青花瓷器基本上以明快的蓝色为主，呈色稳定。器物造型风格华丽，追求新颖奇巧。流行象耳、螭耳、凤耳装饰各种大瓶。纹饰繁缛，内容多具有各种吉祥寓意，如寿山福海（图227）、多子多福、福禄寿等。亦有仿永乐、宣德风格的器物，但比雍正要少。

图226 清雍正 景德镇窑青花福寿图橄榄瓶
上海博物馆藏

图227 清乾隆 景德镇窑青花寿山福海图龙耳扁瓶
上海博物馆藏

五、鲜亮纯正的釉里红瓷器

（含青花釉里红、釉里三彩、釉里红加彩瓷器）

（一）釉里红瓷器

釉里红的制作工艺与青花相似，也是先在瓷坯上绘彩，施透明釉后用高温一次烧成的高温釉下彩瓷器。不同的是釉里红用氧化铜在釉下绘彩，施透明釉后需要在高温还原气氛中烧成，花纹呈鲜亮的红色。釉里红对烧成气氛的要求特别高，不然就不能烧出纯正的红色。公元9世纪长沙窑的高温釉下铜红彩是釉里红瓷器（图228）的先声，但应属在烧制以铜为着色剂的绿彩时偶然烧成，并不能证明当时的工匠已经熟练掌握釉下铜红彩的技术。

1、元代釉里红瓷器

元代景德镇窑真正开始生产釉里红瓷器，虽然其胎、釉、器型和烧造工艺均与青花器相同，但由于铜的呈色难以控制，所得到的红色并不纯正，常见晕散，故主要采用较粗的笔道涂绘或填红的方法绘彩，纹样不清晰。1976年江苏吴县通安华山出土一件釉里红云龙纹盖罐（图229），罐体上有线刻花纹，腹部在刻花云龙纹之外涂以铜红料作底色，肩部以铜红草率涂刷卷草纹；1980年11月在江西高安一处元代瓷器窖藏中发现了4件釉里红瓷器，其中蟠龙纹高足转杯（图230）、折枝菊花纹转杯和雁衔芦纹匜都是用粗笔涂抹，在装饰上与青花存在很大的差异。元代釉里红在图案题材上也比青花少得多，仅花卉、卷草、云龙、芦雁、兔等数种。为了克服呈色不稳，并有晕散的缺陷，往往在胎上先刻划出纹样的轮廓及细部，然后用釉里红作地色留出白色图案，或以釉里红涂绘图案，使之产生红地白彩或白地红彩的效果。由于出土器物很少，江苏吴县、高安、保定等地发现的釉里红瓷器具有极高的研究价值，为了解元代釉里红的基本面貌提供了直接的证据。

2、明代釉里红瓷器

在南京明故宫遗址中找到了釉里红的残片（图231），其中一件残片

图 228 唐 长沙窑釉里红碗
"黑石号"沉船出水
新加坡亚洲文明博物馆藏

图 229 元 景德镇窑釉里红云龙纹盖罐
苏州吴中博物馆藏

图 230 元 景德镇窑釉里红贴花螭龙高足转杯
江西高安市博物馆藏

图 231 明洪武
南京明故宫遗址出土釉里红标本
南京博物院藏

上有莲瓣纹的一部分，虽然很小，但莲瓣和莲瓣内宝相花的形式却十分典型，既不见于典型元青花，也与明代永乐、宣德时期青花、釉里红纹饰迥异。根据这件标本上莲瓣纹的特点，从上海博物馆、台北故宫博物院和美国纽约大都会博物馆分别收藏的釉里红缠枝花卉纹大碗中找到了同样的莲瓣纹，从而确认它们是洪武时期的产品。进而，从这几件釉里红大碗上的缠枝扁菊纹、缠枝牡丹纹、缠枝番莲纹、波涛纹边饰、勾连回字纹边饰等具有鲜明时代特征的纹饰图案出发，找到了一批洪武时期以线条描绘为基本特点的釉里红瓷器。器形主要有大碗（图232）、大盘、盏托、双耳瓶（图233）、执壶、梅瓶、大罐（图234）等。西藏博物馆收藏的一件景德镇窑釉里红缠枝牡丹纹执壶，是洪武釉里红瓷器的典型代表，该壶呈玉壶春样式，长流、曲柄，口上有宝珠钮盖，盖与柄以银链相连。整器满绘釉里红花纹，盖上饰以覆莲瓣和蔓草边饰，器物自口部至足部依次为蕉叶、蔓草、缠枝菊花、如意云肩、缠枝牡丹、仰莲瓣和蔓草边饰等花纹；长流与曲柄均饰以缠枝灵芝（图235）。洪武时期，虽然釉里红瓷器得到较大的发展，但如这件执壶这般完好，且器盖、银链均完整保存的是存世所仅见，因此十分珍贵。这件瓷器在西藏发现，反映了明初中央政府对西藏事务的重视。从这件执壶的保存情况看，基本上可以排除后世传入西藏的可能性。1957年在

图232 明洪武 景德镇窑釉里红缠枝菊花纹大碗 上海博物馆藏

第六章　幽雅清新的釉下彩瓷器　191

图 233 明洪武
景德镇窑釉里红云龙纹双耳瓶
上海博物馆藏

图 234 明洪武
景德镇窑釉里红串枝花卉纹大罐
上海博物馆藏

图235 明洪武 景德镇窑釉里红缠枝牡丹纹执壶
西藏博物馆藏

图236 明洪武 景德镇窑釉里红松竹梅梅瓶
南京博物院藏

南京附近的江宁县发现的明成祖朱棣的驸马宋琥墓中发现的一件梅瓶，器物完整无缺，带盖，肩部饰缠枝扁菊纹，腹部的主体纹饰为象征高洁志向的松、竹、梅"岁寒三友"图（图236）。洪武朝是景德镇釉里红盛行的时期，在传世和出土的器物中可以确认为洪武瓷器的以釉里红最多，其数量多于青花。虽然发色仍然不纯，却已经从元代的大笔涂抹发展到如青花般的细致描绘，图案纹样也比元代丰富。由于绘画技术的改进，洪武釉里红的装饰题材基本上与青花一样，花纹描绘十分细腻，纹饰以缠枝、折枝和串枝的各种花卉为主，还有松竹梅、庭院芭蕉、飞凤、人物故事图等。这些器物表现出一种努力挣脱旧有规范、开创树立新貌的迹象。此时釉里红发色还不鲜丽，多为较淡或偏灰的色泽，个别器物甚至为暗灰色，但就其纹饰的描绘以及数量、品种而言，无疑为明代釉里红之冠。

永乐时期的釉里红瓷器未见完整器传世，在景德镇御窑厂遗址中出土的"双龙赶珠釉里红靶杯"残件，胎质细洁，釉面莹润，釉里红微有晕散，发色鲜亮。遗址还发现带有"永乐元（年）……供养"铭釉里红盘口瓶口部残片和"永乐四年"铭文的釉里红壶口部残片，十分珍贵。景德镇窑出土的永乐釉里红还有海水云龙纹梅瓶（图237）、龙纹碗、松竹梅纹笔盒等。永乐时期高温红釉已经烧制得相当成功，可以为釉里红的烧制提供成熟的工艺，但是永乐传世釉里红基本不见，遗址考古出土的釉里红发色都显得晦暗，没有表现出如永乐红釉瓷器般发色纯正的釉里红瓷器，说明当时烧制釉里红瓷器并不成功。

宣德朝将明代釉里红的烧制引向顶峰。文献中屡见古人对宣德釉里红的赞誉，如明谷应泰《博物要览》称"宣德年造红鱼靶杯，以西宝石为末，图画鱼形，自骨内烧出，凸起宝光，鲜红夺目"。传世釉里红主要是以鲜艳纯正的色斑表现诸如"三鱼"（图238）、"三果"等图案，也有用线条描绘的有云龙、海兽等纹饰。署"大明宣德年制"青花六字楷书款（图239）。关于宣德色斑类釉里红的生产工艺，通过观察、分析标本的断面，发现是生坯挂釉后先在花纹处将釉剔去，再以铜红釉为彩填入，然后施一层透明釉，烧成以后，红色部分微微凸出于釉的表面。唐英在《陶成纪事碑》中记叙了这种装饰方法"釉里红器皿，有通用红釉绘画者"。

宣德以后，随着高温红釉烧造技术的衰微，釉里红瓷器的生产也趋于低落。成化时期尚有极少量成功的釉里红产品，瑞典斯德哥尔摩远东博物馆收藏一件成化的釉里红鱼纹碗（图240），发色红润，为绝无仅有者，景德镇御窑厂遗址发现过类似的器物。以后各朝烧造成功的作品极为罕见，以至以釉上红彩来取代。

图 237 明永乐
景德镇窑釉里红海水云龙纹梅瓶
上海博物馆藏

图 238 明宣德
景德镇窑釉里红三鱼高足杯
上海博物馆藏

图 239 明宣德
景德镇窑釉里红三鱼高足杯（款）
上海博物馆藏

图 240 明成化
景德镇窑釉里红三鱼碗
瑞典斯德哥尔摩远东博物馆藏

图 241 清康熙
景德镇窑釉里红夔凤纹长颈瓶
上海博物馆藏

3.清代釉里红瓷器

清代康熙朝由于铜红釉重新烧制成功，釉里红的呈色也相当纯正。器物造型和纹饰除了模仿明代之外，也有创新之作。造型古朴，胎体坚致是康熙瓷器的主要特点。康熙釉里红兼有涂绘和线绘两种。纹饰内容多种多样，有龙、凤、鱼藻、花卉、瑞兽、钟馗等，线条清晰，笔意流畅。器形有碗、盘、水盂、梅瓶、长颈瓶（图241）、玉壶春瓶、缸等。康熙釉里红主要以白地红花为主，此外还发展了豆青、霁蓝等多种釉色衬托的色地釉里红，并将釉里红与釉上五彩结合的产品，别具一格。

雍正铜红呈色技术更为成熟，釉里红发色鲜亮，纹饰清晰，笔意

图242 清雍正 景德镇窑釉里红三果纹瓶
上海博物馆藏

图243 清乾隆 景德镇窑釉里红缠枝莲花葫芦瓶
上海博物馆藏

秀丽。推崇明代永乐、宣德风格，色斑装饰流行"三鱼""三果"（图242）；线条描绘笔道细腻，有层次。雍正釉里红亦多是白地，还有蓝釉与冬青釉为地的釉里红装饰，清新秀雅，时代风格明显。官窑器署"大清雍正年制"青花楷书款。

乾隆朝釉里红继承了雍正的制作技艺。已经能娴熟地掌握釉里红呈色技术，此时釉里红呈色稳定，纹饰清晰，并能表现有层次的深浅色阶。器形规整，品种丰富，除传统造型外，并有创新的品种出现。其纹饰以云龙、云凤、穿花凤、缠枝莲花（图243）、云蝠、折枝花、花鸟为多见，构图规整繁缛，画工精细。乾隆釉里红多见白地，也有以低温黄釉衬釉里红，色彩明朗，颇具皇家气派。

图244 元
景德镇窑青花釉里红开光镂空花卉纹盖罐
河北博物院藏

（二）青花釉里红

  青花釉里红瓷器，即将氧化钴和氧化铜在同一件器物上绘制并经高温烧制的品种，是景德镇在成功烧制青花、釉里红的基础上的创新品种。元代，与烧制釉里红同时出现青花釉里红瓷器。青花和釉里红同为高温釉下彩，只是呈色的金属元素不同，二者置于同一器上，由于青花的烧制要求比较低，因此只要满足釉里红的烧成条件即可制成佳品。由于元代釉里红的烧制技术尚不成熟，因红色发色欠佳而很少成功之作，目前所见青花釉里红产品极少，釉里红也是以"填色"表现，1964年在保定一处元代瓷器窖藏中发现一对青花釉里红开光镂花大罐，开光内为四种不同的花卉山石镂空贴花，花朵和山石均以铜红涂绘，花叶填以青花（图244），是元代青花釉里红的典型器物。

明代永乐、宣德时期，随着釉里红烧造水平大幅提高，青花釉里红的烧成质量水准也应该比较高，但是未见有完整器物传世。景德镇御窑厂遗址出土的永乐青花釉里红云龙纹梅瓶（图245），青花和釉里红发色俱佳。成化朝的青花釉里红制品十分稀少，但技艺尚存。成化以降，随着釉里红烧制技术的衰落，青花釉里红烧造几乎绝迹。明代青花釉里红完整器传世罕见。

清代，随着铜红釉瓷器烧制工艺的恢复，釉里红也得到复兴。康熙早期御窑厂尚未正式恢复时，景德镇就开始烧制青花釉里红瓷器，其中最典型的是署康熙辛亥、壬子、癸丑（分别是康熙十年、十一年、十二年，即1671—1673）纪年"中和堂制"款的碗、盘（图246）、

图245 明永乐 景德镇窑青花釉里红海水云龙纹梅瓶 景德镇陶瓷考古研究所藏

碟等，以青花绘亭台楼阁和树的枝干，以釉里红点缀花朵。盘、碟的底足多为双圈足。此外，康熙其他釉里红作品往往巧妙地用青花点缀，如在云龙、夔凤、瑞兽及人物等形象上用青花"点睛"，在花卉等图案装饰的器物上加一道青花的弦纹等，看似着笔不多，却取得极好的艺术效果。

雍正朝的青花釉里红常见的器物常见的纹饰有云龙、花果（图247）、松竹梅、八宝、莲池、八仙、山水人物等。釉里红色泽多淡雅，风格秀丽。

乾隆朝青花釉里红仍十分流行，其纹饰风格与青花瓷器类似（图248），雍正朝那种青叶红花都十分艳丽的制品，到乾隆朝少见。

图246 清"康熙壬子（1672）中和堂制"款 景德镇窑青花釉里红山水图盘 上海博物馆藏

第六章 幽雅清新的釉下彩瓷器 201

图 247 清雍正
景德镇窑青花釉里红花果纹梅瓶
上海博物馆藏

图 248 清乾隆
景德镇窑青花釉里红牡丹龙纹梅瓶
上海博物馆藏

图249 清康熙
景德镇窑釉里三彩山石花蝶图笔筒
上海博物馆藏

图250 清康熙
景德镇窑釉里红加彩花卉纹水盂
上海博物馆藏

（三）釉里三彩

釉里三彩是清代康熙朝独创的一种釉下彩品种。它是由青花、釉里红和豆青釉共同组成图案，称为釉里三彩。题材有海水云龙、山石花蝶（图249）等。通常以青花和釉里红描绘图案的主要和辅助部分，以豆青表示山石或礁石，由于在绘彩之前，部分纹饰有刻花，特别是石头的刻痕在施釉后会形成不同厚度的豆青釉，将石头表现得富有层次感。这是康熙朝特有的一个品种，以官窑器居多，器形多为瓶、盘、笔筒、罐类。

（四）釉里红加彩

釉里红加彩是一种将釉上彩和釉下彩相结合的特殊品种。用铜红在釉下描画出花朵，经高温烧成后，在釉面加绘褐色枝条和绿叶，经彩炉烘烤，红花绿叶相互辉映，显得分外娇艳。器物以小件的水盂、小罐等文具和摆设品为主（图250），御窑厂制作，数量极少，可能仅供御用。是康熙朝特有的品种。

第七章
缤纷灿烂的釉上彩瓷器

釉上彩是在烧成的瓷器表面绘彩，再经低温焙烧而成。它诞生于公元13世纪的宋、金时期，最早见于中国北方的红绿彩。元代景德镇窑创烧的卵白釉加彩瓷器是一种特殊的彩瓷，它以彩色立粉和贴金相结合，使得风格更为华丽。明代釉上彩瓷的制作非常发达，唯因还不能烧制釉上蓝彩，而只能用釉下青花来代替。这种釉上、釉下相结合的彩绘瓷，也被称为"青花五彩"。清代釉上彩品种颇多，极为丰富，可以分为五彩、珐琅彩、粉彩、斗彩、素三彩等品种。

一、釉上彩瓷的先声——宋代红绿彩瓷器

宋代的红绿彩瓷器属于釉上彩,是北方民间窑场烧造的一个重要特色品种。最早的釉上彩是定窑的白瓷加彩,最初仅仅用红彩在白瓷上书写文字(图251)。以后在北方的一些瓷窑竞相烧造。过去,世人对红绿彩瓷器的认识往往从磁州窑开始,实际上除了磁州窑以外,北方地区的红绿彩瓷器产地较多,主要出自河南、河北、山东和山西等地区,有代表性的如河南禹县扒村窑,山西长治八义窑和山东淄博窑等。比较常见的是用红、绿两色在器物上绘彩,偶见黄色,一般饰于罐、瓶的外壁或碗内,以花卉居多,用笔洒脱简洁。也有在瓷塑人物上加饰彩绘(图252)。近年来,对红绿彩瓷器的研究日渐深入,人们对这种品种的认识也更为清晰。红绿彩始于宋代,流行于金代和元代。鉴于红绿彩瓷器在窑址发现较少而主要在古代城市遗址或者墓葬中发现。据此,有学者认为红绿彩瓷器,特别是日用瓷有可能是一种异地加彩的品种,即瓷器进入流通领域后,由商家或者消费者根据市场或者个人的需求,在瓷器的消费地加彩,并形成一种产业,即有专门烧造低温彩的商家。

二、罕见的卵白釉加彩瓷器

1990年代,在内蒙古乌兰浩特市郊的一处墓葬中,一件卵白釉加彩描金高足碗与元青花同时出土;有人在南京明故宫遗址采集到一件玉壶春瓶残件,釉面的痕迹表明曾经施立粉彩绘,惜已被洗刷去。上海博物馆在香港征集到6件类似的器物是从内蒙古流散出去的,包括盘、碗、高足杯、香炉、玉壶春瓶等不同器型。这些从未见过、也未见记载器物的发现震惊了学术界。这些彩绘瓷器采用的卵白釉瓷器出自江西景德镇,在碗、盘及高足杯的内壁都可以隐约看到釉下有印花花纹,与卵白釉传统装饰一致;在釉上采用与山西法华立粉陶器装饰工艺相仿的工艺勾绘纹饰,碗、盘、高足杯皆内外都有彩绘,香炉、玉壶春瓶则装饰在外壁,有深红、黄、绿、蓝等色,装饰纹样包括花卉、云龙等。仅玉壶春瓶装

图251 宋 定窑刻花红彩"长寿酒"杯
上海博物馆藏

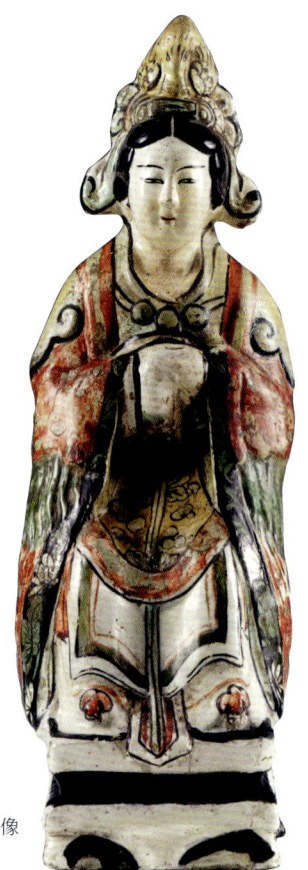

图252 宋 磁州窑彩绘仕女像
上海博物馆藏

饰云龙纹，用黄色勾勒龙及鳞片，绿色勾勒龙的腹部，深红色勾勒龙脊及云纹，瓶的口沿处有三朵黄色勾绘的云朵；其他器型均装饰花卉，花朵均用红色，花叶有绿色和黄色；碗和盘的内心均有被宝相花围绕的"十相自在"（藏传佛教一种具有神秘力量的图符，可令时空宇宙世界一切自在，并能免除一切灾难）之简化图（图253）；外壁腹部还有用红、绿两色勾勒的仰莲瓣，莲瓣内杂宝用红彩或绿彩勾绘，中间填金色（图254）。在立粉彩绘脱落处的釉面，可以看到有与釉结合的痕迹，说明釉上彩经过烧制且烧制温度能将立粉和高温釉相结合。这是一种特殊的彩绘工艺，目前在景德镇尚未发现类似的器物。卵白釉瓷器无疑是景德镇烧制的，但是立粉彩绘究竟是在哪里加工的，目前还是一个谜。在山西永乐宫元代建筑构件和人物塑像服饰上常见立粉涂金装饰，这或许为寻找内蒙古出土的这类瓷器装饰的加工地点有所启发。

图 253 元 景德镇窑卵白釉加彩
"十相自在"符碗 上海博物馆藏

图 254 元 景德镇窑卵白釉加彩
莲瓣纹盘 上海博物馆藏

三、高雅妩媚的斗彩瓷器

"斗彩"名称始见于清代,《南窑笔记》谓:"成、正、嘉、万俱有斗彩、五彩、填彩三种。先于坯上用青花画花鸟半体,复入彩料,凑其全体,名曰斗彩。填者,青花双钩花鸟人物之类于坯胎,成后,复入彩炉,填入五色,名曰填彩。"斗彩也叫"逗彩",其制作工艺是先在釉下用青花勾勒纹样全部或大部轮廓线后高温烧成,再在釉上青花轮廓线或需要绘彩处内绘五彩入窑二次以低温焙烧而成,它是釉下青花和釉上彩绘的结合。宣德时期釉下青花和釉上五彩结合的工艺,可以算是斗彩的滥觞。西藏萨迦寺收藏宣德时期的碗和高足碗各一件,碗的口沿内壁有一周藏文的吉祥经,意为"昼吉祥、夜吉祥、昼夜吉祥、三宝吉祥",口沿外壁饰青花云龙纹一周,云龙纹以下为五彩莲池鸳鸯:碧荷衬托着红莲,绿色的慈菇、浮萍和红色的芦苇点缀其间;

鸳鸯分别以青花和深浅不一的褐、绿、红、黄等彩色勾绘，色泽纯正浓丽，形象逼真自然。碗底用青花书写"大明宣德年制"楷书款，加双圈（图255）。高足碗图案布局与碗类似，只是莲池的图案延续到高足上，在高足内底署"宣德年制"四字青花楷书款（图256）。这是目前存世仅见的两件真正意义上的宣德斗彩瓷器，极为珍贵，明代文献中称之为"青花间装五彩"。1985年在景德镇御器厂遗址发现了纹饰相似的盘，没有吉祥经，底部有青花宣德六字款。

图 255 明宣德
景德镇窑青花五彩莲池鸳鸯纹碗
西藏萨迦寺藏

图 256 明宣德
景德镇窑青花五彩莲池鸳鸯纹高足碗
西藏萨迦寺藏

图 257 明成化 景德镇窑斗彩海水龙纹"天"字款盖罐 故宫博物院藏

图 258 明成化 景德镇窑斗彩鸡缸杯 台北故宫博物院藏

斗彩是明代成化景德镇官窑著名的品种，成化斗彩继承了宣德开创的釉下青花和釉上多种色彩相结合的新工艺，并取得了新的成就。成化瓷器制作精细，胎质细腻纯净，釉层滋润沉静，以釉下淡雅的青色与釉上艳丽的五彩相配，形成了典雅绚丽的艺术特点，故历代均以成化斗彩最为名贵。成化斗彩传世较少，且多为盖罐、杯、高足杯等小型器物，尤以天字罐（图257）、鸡缸杯（图258）、葡萄杯、三秋杯、婴戏杯、高士杯等最为名贵。成化斗彩能根据不同的选料和配比调制出各种不同的彩色，以使色彩更加丰富。工匠通常在花朵和人物衣服上以平涂勾勒填绘的技法施彩，树叶只有阳面，无阴阳向背之分；花朵只画正面，亦无反侧之别；人物衣着为有表无里的一色单衣；山石也无凹凸之感。这些特点构成成化斗彩鲜明的时代风格。

明正德、嘉靖、万历时期斗彩（图259）仍有制作，但已无法与成化相比。

清代康熙早期斗彩瓷器青花线条比较粗犷，五彩填色凝厚艳丽，由于料质不够纯净，部分传世品的色彩表面有微小的黑点；康熙晚期斗彩在制作趋于精细（图260）。此时斗彩的装饰领域进一步拓宽，有作为器物的边饰和局部纹饰的，有与青花或五彩组合在同一件器物上的，还有将斗彩加上暗花装饰的。

雍正朝粉彩盛行，其最大特点是将釉下青花和釉上粉彩相结合，从而使纹饰更显典雅清秀。雍正斗彩彩绘工整精巧，采用渲染烘托的画法，色彩出现深浅浓淡的变化，色彩比较柔和，图案更具立体效果（图261）。与此同时，雍正时仿成化斗彩也极为成功。

乾隆斗彩的彩绘和制作均精细，大器增多，而纹饰则趋于程式化，多以对称开光或多方连续的方式进行装饰，并且多见加金彩装饰，使图案更显华丽富贵（图262）。

图259 明万历 景德镇窑斗彩缠枝花果纹碗 上海博物馆藏

图 260 清康熙
景德镇窑斗彩鱼藻纹盖罐
上海博物馆藏

图 261 清雍正
景德镇窑斗彩梅鹊纹盖碗
上海博物馆藏

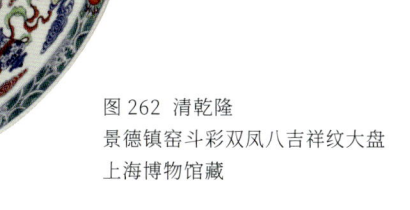

图 262 清乾隆
景德镇窑斗彩双凤八吉祥纹大盘
上海博物馆藏

四、凝厚艳丽的五彩瓷器

五彩瓷器一般指在已经烧成的瓷器上用多种彩料绘画，再在彩炉中以800℃左右的温度二次烧成的釉上彩瓷器。明代的五彩瓷器源于宣德而盛于嘉万，明天启《博物要览》中曾经提到"宣窑五彩，深厚堆垛"。但长期以来，宣德五彩始终不见踪影。偶然间，发现在西藏萨迦寺收藏了全世界仅存的两件宣德青花五彩瓷器。此外，在景德镇御窑厂遗址也发现了宣德的青花五彩瓷器标本，由此，五彩起源于宣德得到了证实。当然，从技法上来看，宣德的青花五彩也可以看作是斗彩瓷器的开始。明代的五彩使用的是透明彩，缺少层次的渲染，故又称"硬彩"。

嘉靖、万历时期为明代五彩瓷器的生产高峰，且最具特色，成为当时最主要的彩瓷品种。嘉万时期由于还没有发明釉上蓝彩，于是以釉下青花表现蓝色，青花并不构成图案的主题，而只是作为一种颜色使用，处于从属的地位，这与斗彩有所区别。嘉万五彩以图案满密、色彩浓艳而著称，特别是红彩十分突出，给人一种浓翠红艳的感觉。纹饰以云龙、云凤、云鹤、花卉、灵芝、鱼藻、莲池鸳鸯、人物、婴戏等为主题，衬以山石、花果、荷叶、璎珞、回纹等辅助纹饰，以浓厚、鲜艳的色彩对比，达到了极为华丽的程度。1955年北京朝阳出土的一件鱼藻纹盖罐（图263）是嘉靖五彩中的精品，传世文物中也有类似的器物。器物造型除了瓶、罐、盘等常见器物外，嘉靖时期的方鼎、葫芦瓶，隆庆时期的多角棱形罐以及万历时期的镂空瓶、笔盒（图264）、笔架、毛笔杆等都是比较典型的五彩瓷器。嘉靖、隆庆、万历时期的五彩彩瓷器纹饰，皆延续了同时代青花瓷器的风格。

清代康熙朝五彩瓷器的一个重大突破就是发明了釉上蓝彩，由此改变了以往五彩没有蓝彩的历史，五彩成为单纯的釉上彩。康熙蓝彩色调浓艳，一般多用作描绘山石（图265），黑彩则用于勾勒和点染。此时五彩所用的色彩比明代丰富，能基本满足各种题材纹饰描绘的需要。康熙五彩色泽鲜艳明快，画面和谐统一，对金彩的使用已经改变了明代描金的传统方式，而是将金彩作为一种颜色贴在图案需要之处，增

图 263 明嘉靖 景德镇窑五
彩鱼藻纹盖罐
中国国家博物馆藏

图 264 明万历
景德镇窑五彩龙凤纹盖盒
上海博物馆藏

图 265 清康熙
景德镇窑五彩水浒故事图盘
上海博物馆藏

加了富丽堂皇的效果（图266）。图案题材十分丰富，除了装饰上流行传统的花卉、梅鹊、山水博古、仕女婴戏等题材之外，大量采用以戏曲、小说为题材的人物故事画为主题（图267）。当时还在各种颜色釉上绘五彩，图案以花果、鸟雀多见，其中又以珊瑚红地五彩较为名贵。康熙以后，随着粉彩的兴起和发展，五彩瓷器逐渐走入末路。

图 266 清康熙
景德镇窑五彩贴金鹭鸶莲池纹凤尾尊
故宫博物院藏

图 267 清康熙
景德镇窑五彩刘备招亲图瓶
上海博物馆藏

五、素雅恬静的素三彩瓷器

素三彩是一种以黄、绿、紫三色为主，不用红色的低温釉上彩瓷器品种。通常是先在瓷坯上刻划好纹饰，高温烧成无釉素瓷，在涩胎上用黄、绿、紫三色绘画纹样，二次入炉低温烘烤而成。素三彩瓷器始烧于明代成化，鸭形香薰造型新颖，色彩素雅，是其代表作（图268）。正德时期技术已臻成熟，器物制作十分精致，色彩的运用和纹样也较成化更为丰富，流行折枝、缠枝莲花，蔓草纹以及海水蟾蜍图等（图269）。正德以后素三彩仍见制作，但终明一代，素三彩瓷器的色彩及制作均不及正德。

图268 明成化 景德镇窑素三彩鸭熏 上海博物馆藏

图269 明正德 景德镇窑素三彩海蟾纹洗 故宫博物院藏

    清代康熙朝素三彩瓷器的制作达到了顶峰,不仅数量多,而且在造型、装饰技法、图案纹样、色彩变化上都获得了空前绝后的成就。康熙时期,除了继承传统的装饰工艺外还有所发展,使装饰更加多样,色彩更加鲜艳明亮。康熙素三彩均为在烧成的有釉瓷器上施彩。当时素三彩主要有两种类型,器型均为盘、碗,一类称为"虎皮三彩",即在烧成的瓷器上不规则地装饰三彩斑块,类似虎皮的效果(图270);另一类是先在器物上刻上云龙纹,施透明釉高温烧成,然后用三彩绘花果纹(图271),这种刻花与绘画内容完全不同的装饰方法是康熙素三彩的一大特点。墨地素三彩是康熙时期的名贵品种,其底釉分别上黑色和绿色两种釉彩,是当时的一种特殊工艺(图272)。

    与素三彩近似的还有一类釉上彩瓷器品种,即"刻填彩",这是明代景德镇一种比较特殊的装饰技法。先在瓷坯上刻划纹样,在没有花纹的地方施透明釉,高温烧成瓷器,然后在有刻纹处填低温彩后低温烧成。通常填彩较厚,明显高出釉面。明代的刻填彩以宣德时期的刻填酱彩的花果纹盘和成化、弘治、正德时期的刻填绿彩的龙纹碗、盘最为著名。宣德创新的刻填酱釉折枝花果纹盘(图273),其酱釉色如芝麻酱,较厚,明显凸起,有立体效果。由于釉料失透,通常刻纹基本不可见。成化、弘治、正德的刻填绿彩颜色较为浅淡,透明度好,故刻划的龙纹舒展大方,清晰可见,有的在透明釉下还有暗刻的海波纹(图274)。

弘治、正德时还有一种火石红瓷器，即高温烧成的刻填彩瓷器尚未填彩，露胎部分的龙纹呈火石红色，在白色的衬托下分外醒目（图275）。这可能原本是未完成的刻填彩瓷器，是半成品，后来作为一种别具特色的瓷器品种也被送入了宫里。

明清两代景德镇官窑均有黄地绿龙的品种，是刻填彩的一种变异。

图270 清康熙 景德镇窑虎皮三彩碗
上海博物馆藏

图271 清康熙
景德镇窑素三彩折枝花果纹盘
上海博物馆藏

图272 清康熙 墨地素三彩梅花纹狮耳炉
上海博物馆藏

图 273 明宣德
景德镇窑刻填酱彩折枝花卉纹盘
上海博物馆藏

图 274 明弘治
景德镇窑刻填绿彩龙纹盘
上海博物馆藏

图 275 明弘治
景德镇窑刻花露胎龙纹盘
上海博物馆藏

六、雍容华贵的珐琅彩瓷器

金属胎画珐琅工艺17世纪起源于法国,里摹居(Limoges)是著名的产地。清代康熙时期,这种工艺品由传教士带入中国宫廷。康熙三十二年(1693)在内务府造办处成立珐琅作对珐琅工艺进行复制,使用进口的珐琅料先后在铜、玻璃、瓷、紫砂等不同质地的胎体上试烧产品。首先出现的是铜胎画珐琅(图276),珐琅彩瓷器是创造性地将以往装饰于铜胎上的珐琅彩施于瓷器之上,称为"瓷胎画珐琅"。此工艺开始于17世纪末,通常由皇帝亲自下旨,景德镇御器厂烧制素瓷运往宫内,再由造办处珐琅作先从景德镇引入"画磁匠人",后由宫廷画师绘彩及烘烧而成。也有利用宫内旧藏的前朝白瓷器。据清宫养心殿"造办处各作成做活计档"记载,雍正二年正月"初四日怡亲王交填白(应是永乐产品)脱胎磁酒杯五件内二件有暗龙。奉旨:此杯烧珐琅。钦此。注:于

图276 清康熙
铜胎画珐琅玉堂富贵图直颈瓶
故宫博物院藏

二月二十三日烧破二件。总管太监启知怡亲王，奉王谕：其余三件尔等小心烧造。遵此。于五月十八日做得白磁画珐琅酒杯三件。怡亲王呈进。"珐琅彩瓷器造型小巧精致，胎体较薄，极易烧坏。

珐琅彩含有砷，并使用以胶体金着色的胭脂红（金红），黄彩多以氧化锑与锡为着色剂。珐琅彩具有色彩浓厚、鲜艳、不透明、层次丰富的特点，有较强的立体感，并具有油画的质感。当时是专门为皇室玩赏和御用而生产的，数量很少，故十分名贵。

康熙珐琅彩瓷器使用进口珐琅料，装饰在器物的外壁，彩料较厚，有凸起感，有的会出现细小的冰裂纹。装饰多仿铜胎珐琅彩，题材大多以黄、红、蓝、豆绿、绛紫等颜色作地，彩绘牡丹、月季、莲花、菊花等对称的花卉图案，有的还在花芯分别填写"万""寿""长""春"等吉祥文字。画工严正细致，具有图案装饰的效果（图277）。器型以盘、碗为主，瓶极少。器内白色，釉层匀净。底部一般为红色或者蓝色的"康熙御制"四字宋体珐琅料款，加双方框。

雍正珐琅彩瓷器有了新的突破与发展，珐琅料品种较以前更加丰富。从雍正六年（1728）开始，宫内自行烧制珐琅料，先后在内务府造办处、圆明园造办处、玻璃厂等处烧制珐琅彩料，品种有23种之多，其生产规模和品种的增加，已能满足清宫生产珐琅彩器物的需求，使清代珐琅彩瓷器的制作走上了宫廷独立制作的道路。雍正珐琅彩瓷器风

图277 清康熙 珐琅彩花卉纹碗 上海博物馆藏

图 278 清雍正 珐琅彩岁寒三友图瓶
故宫博物院

图 279 清雍正 珐琅彩墨竹碗
上海博物馆藏

格典雅，除了少数仍用色地作衬外，大多以白色为地，题材也改变了康熙时的单调，盛行以花鸟、竹石、山水等，并配上相应的行楷题诗，还在题诗的引首、句后钤以朱文和白文用胭脂水或抹红描绘的篆文印，成为制瓷工艺和诗、书、画、印相结合的艺术珍品（图278），俨然是中国传统工笔画在瓷器上的再现。据造办处文献记载，雍正皇帝十分重视珐琅彩瓷器的烧制，时常亲自过问和参与珐琅彩瓷器的设计和制作过程，对其样式、纹饰、尺寸、颜色等提出具体修改意见，命造办处遵旨办理。雍正皇帝偏爱中国传统水墨画，因此雍正珐琅彩瓷器中还有制作十分讲究的以墨彩或蓝彩单色描绘的山水、竹石作品（图279）。雍正珐琅彩瓷器以小型器物为主，主要有盘、碗、杯、碟、酒盅等，还有少量的茶壶、瓶等。器物制作精巧细致，体现出雍正时期瓷器制作清雅

图 280 清乾隆 珐琅彩人物图瓶
上海博物馆藏

图 281 清乾隆 珐琅彩黄地花卉开光婴戏图瓶
故宫博物院藏

秀丽的艺术风格。底款多为蓝料双方栏内书"雍正年制"宋体四字款，青花双圈内书"大清雍正年制"楷体六字款的比较少见。

在乾隆皇帝的授意下，珐琅彩瓷器的生产得以继续发展。乾隆珐琅彩瓷器制作的数量、品种均超过了康熙、雍正两朝。乾隆二十七年（1762）一部分画院画家转入内务府珐琅作，承担珐琅彩瓷器的设计与绘制任务。当时流行人物描绘，利用珐琅彩不透明的特点，吸收了西洋油画的技法，注重表现人物面部、身体以及服饰的光影和层次，更有立体感（图280）；开始出现"轧道"工艺，即在纹饰之外的色地上用针状的工具剔划凤尾卷草纹；更多地用金彩装饰瓶类的口沿或者纹饰之中，给瓷器增添了奢华富丽的艺术效果；开光装饰十分流行（图281）。器形有碗、盘、酒盅、盖碗、瓶、茶壶、盖盒等。乾隆珐琅彩瓷器的款识比较多样，有蓝料双方栏或无栏"乾隆年制"四字宋体或篆书款，也有蓝料、青花书"大清乾隆年制"六字单行篆书款；少数用金彩署六字篆书款。款识分别在底部白地或者松石绿地留白上书写。

七、典雅柔丽的粉彩瓷器

粉彩瓷器是在康熙五彩的基础之上、受珐琅彩直接影响创烧的一种低温釉上彩新品种。其特点是在施彩之前先用有较强乳浊作用的"玻璃白"打底，"玻璃白"是一种不透明的白料，以青矾、石末、玻璃粉、牙硝、白信石等组成，以铅为助熔剂，以砷为乳浊剂，彩料用芸香油调和后绘在上面，再用干净的笔在绘彩，把彩色自深至浅逐步洗开，使花瓣和人物的面部、衣服等有明暗之感，得色彩柔和，富有层次感，具有更强的表现力。故此，人们又将粉彩称为"软彩"。粉彩的焙烧温度略低于五彩。

康熙晚期是粉彩的初创时期，纹饰比较简朴，施彩也不精细，一般仅仅使用了以黄金作呈色剂的胭脂红描绘花朵，其他色彩依然沿用五彩的作法。康熙粉彩的色彩虽然比五彩淡雅，但仍比雍正粉彩浓烈，显出康熙的风格（图282）。

图282 清康熙
景德镇窑粉彩花蝶纹盘
故宫博物院藏

雍正粉彩以其淡雅柔丽而名重一时。此时瓷器制作质量极高,瓷胎洁白轻薄,釉色莹润如玉,粉彩在胎釉俱佳的瓷器上得到充分发展,呈色丰富,色泽明亮柔丽,用笔精细纤柔,运用没骨法等传统工笔画技法,层次清晰,极富立体感,终于登上釉上彩瓷器的巅峰。雍正粉彩绝大多数以白色为地施彩,图案有花鸟、山水、人物故事等,绘画清秀典雅,画面细腻富丽,构图疏朗简洁(图283)。花果的"过枝"手法运用得心应手,"过墙龙"兴起于此时。花鸟多受恽寿平没骨法的影响;山水画则仍宗法"四王"院画,只是山石多用披麻皴法,而且设色比较浅淡;人物画以宣扬伦理道德的内容和渔樵耕读的主题多见,人面清秀,多施淡赭晕染(图284)。此时还出现在珊瑚红地、墨地、绿地等色地上绘粉彩,别致新颖。由于雍正粉彩为世人所喜爱,故逐渐取代五彩,成为彩瓷的主流。雍正粉彩署青花款,多见六字楷书或篆书款。

乾隆粉彩瓷器则以装饰雍容华丽、造型奇巧而著称。绘画工细,层次清晰繁缛是其时代特点。雍正时出现的各种色地粉彩此时更为多见,在红、黄、绿色地釉上压印布满全器的细小"凤尾纹"(轧道),然后以粉彩绘制图案,称之为"锦上添花"。万花锦地上添花形开光为常

图 283 清雍正
景德镇窑粉彩福寿图瓶
张永珍捐赠 上海博物馆藏

图 284 清雍正
景德镇窑粉彩春夜宴桃李园图笔筒
上海博物馆藏

图 285 清乾隆 景德镇窑百鹿纹双耳尊 上海博物馆藏

见的构图形式。以吉祥、喜庆的诸如蝙蝠、双鱼、寿桃、磬、结、璎珞、夔龙等图案，组成福寿万代、福禄呈祥（图285）、万寿吉庆、吉庆有余等吉祥题材。常见在色地上多用金彩勾勒纹饰的轮廓或大面积加饰金彩，更增添富丽堂皇的气氛。人物面部的赭色晕染更讲究，色彩更浓艳，衣着上开始出现彩绘纹饰（图286）。花卉特别是胭脂红花朵开始在花瓣上勾勒出筋脉，改变了单纯的渲染手法。一部分器物的底足和器里加施浅淡的绿釉，部分表面有细小的波浪纹。乾隆粉彩款识为青花六字篆书款多见，楷书款较少。

图 286 清乾隆 景德镇窑粉彩八仙过海图八方瓶 上海博物馆藏

八、洋彩瓷器

关于洋彩瓷器。在清代有关陶瓷史的最主要著述《南窑笔记》、朱琰《陶说》和蓝浦《景德镇陶录》中都不见"粉彩"的名称，在清宫《造办处各作成做活计清档》中也没有"粉彩"的记录。景德镇御窑厂督窑官唐英于乾隆元年（1736）总结景德镇当时制瓷工艺而撰写的《陶成纪事碑》和乾隆八年（1743）编绘的《陶冶图说》中亦没有提及"粉彩"，而在相关记载中却有"磁胎洋彩"或者"洋彩"的品种。"粉彩"一词出现于民国时期，最早见于民国初年寂园叟（陈浏）的《匋雅》与许之衡的《饮流斋说瓷》等书中，明确有官方记载的是1925年清室善后委员会点查故宫文物时曾经将少数几件文物定名为"粉彩"。正式的记录是1936年故宫博物院文物赴伦敦展览，在展览图录中将1924年至1930年清点清宫典藏而编制的清室《点查故宫物品报告》中原登录为"磁胎洋彩"的9件乾隆瓷器全部改为"粉彩"。因此，有学者认为"洋彩即粉彩"。

关于洋彩，唐英在《陶成记事碑》中有"洋彩器皿，本朝新仿西洋珐琅画法，山水、人物、花卉、翎毛无不精细入神"的记载；在《陶冶图说》之《圆琢洋采》中更加详细的说明："圆琢白器，五采绘画，摹仿西洋，故曰洋采。须选素习绘事高手，将各种颜料研细调和，以白瓷片画染烧试，必熟谙颜料、火候之性，始可由粗及细、熟中生巧，总以眼明心细手准为佳。所用颜料与法琅色同，其调色之法有三：一用芸香油，一用胶水，一用清水。盖油色便于渲染，胶水所调便于搨抹，而清水之色则便于堆填也。"由此可见，"洋彩"多完成于唐英主持的景德镇御窑厂，用与珐琅彩同样的的颜料，由景德镇御窑厂的画工绘制西洋纹饰并烧制完成的。而珐琅彩则是由景德镇提供素面白瓷器，多由宫廷画师绘制纹样并在造办处珐琅作烧制的。另外，唐英强调洋彩是"五采绘画，摹仿西洋"，应该是在绘画题材上与珐琅彩有所区别。珐琅彩瓷器多以宫廷绘画方式与纹饰为主、保持中国传统工笔花鸟画的风格，讲究意境，画面文雅清疏，集诗、书、画、印为一体，含蓄而不张扬，充满浓郁的书卷气。而"洋彩"则多以西洋油画的透视法进行绘

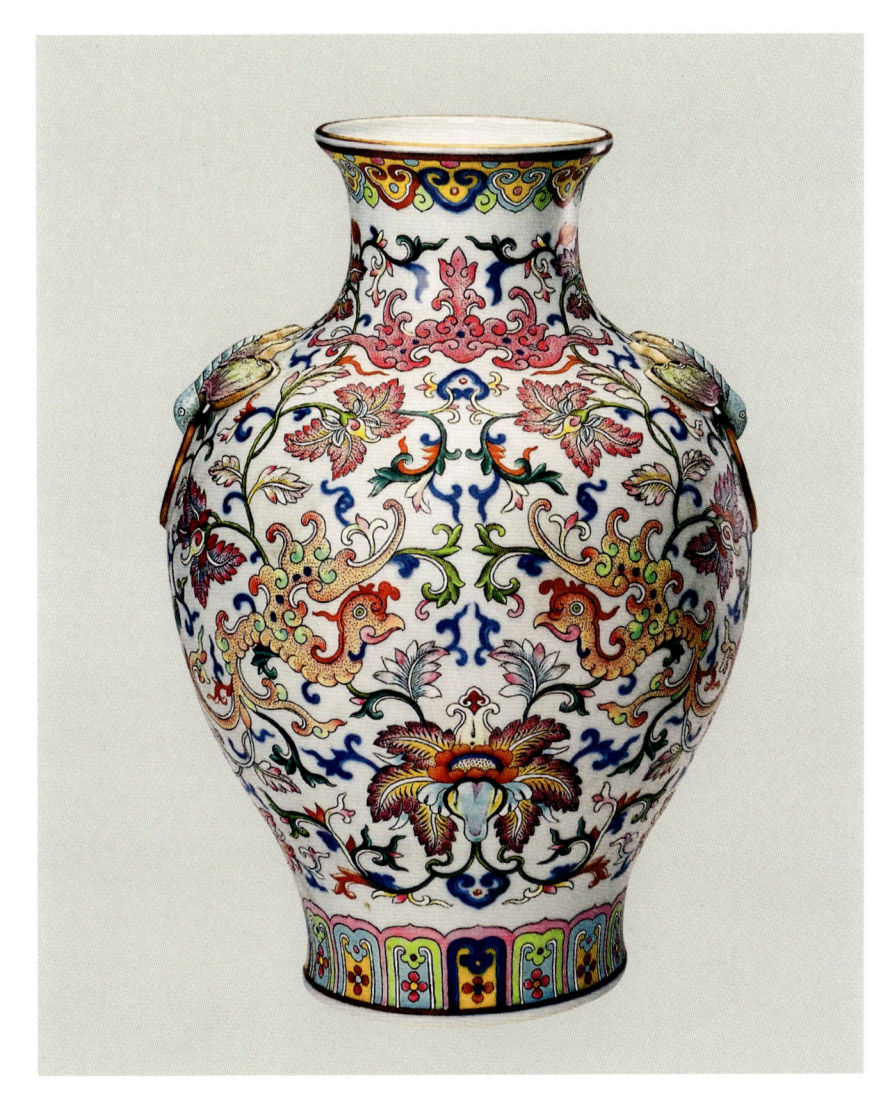

图287 清乾隆 景德镇窑洋彩夔凤穿花纹双耳瓶 故宫博物院藏

画,浓笔重彩,风格华丽,常见绘制洋莲、银莲花、洋菊、西番莲等西方的花卉形式,构图主要采用图案化的方式,拘谨规范(图287)。在景德镇御窑厂使用同样的颜料绘制中国传统题材及样式的瓷器应该仍被称为"五采(彩)"。传世被称为"瓷胎珐琅"因为是为帝王制作,数量极少,且造型简单,小巧精致,适于掌中把玩,基本不见大器,这可能也与造办处珐琅作的窑炉只能烧制小件相关。而传世称为"瓷胎洋彩"则多见高20厘米以上的大器,更有高达70厘米至80厘米的各式瓶。上海博物馆收藏的雍正粉彩绿地堆花描金花卉纹六方瓶(图288)色彩绚丽、

图 288 清雍正
景德镇窑洋彩绿地堆花描金花卉纹六方瓶
上海博物馆藏

制作精细，采用彩绘、浮雕等手法进行装饰，瓶身造型具有轮廓分明的线条，加上密集高隆的纹饰以及丰富强烈的色彩使器物具有较强的立体感且蕴含独特的西洋风格，取得了华丽、繁缛的装饰效果。可以说，它既有源自于欧洲巴洛克建筑艺术风格熏陶的造型及浮雕纹饰的风格，又有当时欧洲刚刚兴起的洛可可风格色彩艳丽，注重精致、纤细秀美装饰效果的特点。

根据以上分析，在景德镇御窑厂烧制的以珐琅彩为颜料并绘制具有西洋风格图案的瓷器可以称之为"洋彩"。

第八章 瓷器与文人雅趣

瓷器
中国

PORCELAIN

THE STORY OF
CHINA

中国古代文人是一个经济条件优越、生活悠闲、志趣高雅的社会阶层，他们在政治上往往不得志，因此就无所追求，但是在生活中却力求高标准，将自己的文化修养融入到日常生活之中。

在中国历史上，与"文人"概念相似的另外一个词是"士"。他们作为一个社会阶层，大致相当于今天的"知识分子"。在中国漫长的历史进程中，文化主要掌握在文人手里。

中国真正的文人阶层形成于晚唐以后，他们生活悠闲，"琴、棋、书、画"是必备的艺术修养，"诗、词、曲、藏"被视作是生活中的乐趣。由于文人具有较高的文化修养，他们对于世间万物往往有自己的看法，这种审美认识被看作是"雅"，和社会上大众审美的"俗"相对应，于是人们把文人艺术化的生活看作是"文人雅趣"。

瓷器作为生活用品，在中国古代很长一段时间内是一种高级器皿，文人作为古代高端瓷器的主要消费群体之一，自然会把自己的审美意识自觉或不自觉地影响到瓷器的制作当中。从晚唐开始，在文人的诗文中就可以看到对瓷器的评判；宋代以降，文人对瓷器制作的影响更是与日俱增，他们的志趣成为促进古代瓷器发展的助推器。

文人的审美情趣与文人长期的文化熏陶、自我人生体悟相关。文人情趣的诗歌情怀与瓷器的釉色、花纹、造型的美可以完美融合。

瓷器的釉面装饰处处体现出文人追求"自然天成、不事雕琢"的特质，如文人对瓷器"类玉""类冰""翠色""春水""绿云"和"宜茶"的评判，陆羽《茶经》越窑"类玉""宜茶"，邢窑"类冰"；陆龟蒙《秘色瓷器》"九秋风露越窑开，夺得千峰翠色来"；徐夤《贡余秘色茶盏》"巧剜明月染春水，轻旋薄冰盛绿云"等即是。青瓷釉色如玉，迎合了中国古代文人"以玉比德"的品格。越窑秘色瓷"捩翠融青"的釉色，引得无数的遐想和神往；白瓷的如银似雪，也符合文人清白做人，"不入俗流""冰清玉洁"的气节。如文人崇玉的滋润剔透、崇冰的洁净无暇，于是就有了对唐代越窑青瓷、邢窑白瓷的赞美。

宋代汝窑和官窑瓷器的釉面以无色开片作为装饰，同样继承了唐代以来文人推崇"浑然天成"、不事雕琢的传统；哥窑的"金丝铁线"则是用染色来突出自然形成的开片。

建窑结晶釉黑釉茶盏的出现，为宋代文人间盛行的"斗茶"增添了新的乐趣。宋徽宗赵佶在《大观茶论》中写道"盏色贵青黑，玉毫条达者为上，取其焕发茶采色也"；蔡襄的《茶录》中有"茶色白、宜黑盏，建安所造者绀黑，纹如兔毫，其坯微厚，熁之久热难冷，最为要用"句；苏东坡也热衷于斗茶，他有诗句"勿惊午盏兔毛斑，打出春瓮鹅儿酒"，说的都是建窑的"兔毫"盏。陶谷《清异录》："闽中造盏，花纹鹧鸪斑，点试茶家珍之。"说的是建窑结晶釉中的"鹧鸪斑"。"滴珠""曜变结晶釉"也是建窑结晶釉茶盏的品种，数量更少。

景德镇如白玉般的青白瓷又被称为"饶玉"，蒋祈《陶记》："景德陶，昔三百余座埏埴之器，洁白不疵，故鬻于他所，皆有'饶玉'之称。"洪迈《容斋随笔》："浮梁巧烧瓷，颜色比琼玖。"李清照《醉花荫》词中有"薄雾浓云愁永昼，瑞脑销金兽，佳节又重阳，玉枕纱橱，半夜凉初透……"句，"玉枕"可能就是色质如玉的青白瓷枕。

花纹装饰与文人的审美意识密切相关，往往形成时代的特征。瓷器纹饰与同时代的绘画有联系，青花、五彩、粉彩、珐琅彩瓷器的花纹装饰往往与中国传统绘画相关。元青花与永乐青花纹饰的比较，可以看出从繁复的伊斯兰风格向中国文人所推崇的简约风格的转变；康熙时期，景德镇工匠充分利用"分水法"技法，将中国传统的水墨山水移植到青花上，以浓淡不同的青花来多层次表现远山近水，有水墨山水"墨分五色"的韵味；雍正粉彩与珐琅彩多以工笔花鸟为题材，取自文人的绘画作品，与恽寿平（1633—1699）的工笔花卉有异曲同工之妙。特别是清雍正时期的珐琅彩瓷器，以珐琅绘彩，并配上题诗、篆印，俨然是工笔绘画在瓷器上的再现。

元代和17世纪（转变期）青花及清代康熙五彩上流行的的人物故事很多源于元曲，如元青花的"尉迟恭单鞭救主"取材于"玄武门之变"，即尉迟恭识破李建成、李元吉的阴谋，助唐太宗李世民即位的故事；"萧何月下追韩信"讲述了楚汉争霸时期刘邦重才的故事，其来源于元代杂剧《追韩信》写本的插图（图289）；"鬼谷子下山"则表现了孙膑的师傅鬼谷子在齐国使节苏代的再三请求下，下山搭救被燕国陷阵的齐国名将孙膑、独孤陈的故事。在明清瓷器上也可以看到从明清

图289 元 景德镇窑青花"萧何月下追韩信"图瓶 南京市博物馆藏

小说版画插图的痕迹,如崇祯青花瓷器上就有"饮茶图""文王求贤图",康熙五彩人物故事中常见《水浒》《三国》故事。

瓷器日益渗透到文人的生活当中,一些瓷器的造型透露出文人的时尚与爱好,如高端的酒具、茶具、香具与奕棋用品,应该是包括文人在内的社会精英人士的日常用具。

宋代文人心存"回向三代"的复古之志,同时又盛行疑古、疑经之风,文献经典不再被宋人奉为金科玉律,他们更愿意将目光从纸本文献转向古代金石器物,以图发掘出比文献记录更真实的礼制原型。宋朝士大夫玩收藏,追求的是博古通今的学术趣味。典型的如宋代收藏家赵明诚、李清照夫妇的故事，当时赵明诚与李清照家境都较宽裕，但是为了搜集名人书画和古董漆器，他们居然"食去重肉，衣去重彩，首无明珠翡翠之饰，室无涂金刺绣之具"。每逢初一和十五，夫妻两人总要到都城开封的相国寺一带的市场上去寻访金石书画，然后倾囊买回家里。如此几年，积少成多，他们的书斋"归来堂"，单是钟鼎碑碣之文书就有两千卷之多。他们共同编写的《金石录》，共三十卷，先由赵明诚撰写大部分，其余部分由其妻李清照完成。

中国古代文人他们在休闲、举办雅集与音乐会的时候，往往都会陈列古董，以供清玩。宋代以来文人的"崇古""崇礼"情节体现在瓷器的仿礼器造型之中。在哥窑、官窑、钧窑、德化窑、景德镇窑的瓷器中均可看到仿青铜礼器造型的器物。

文人好酒，自古以来，中国文人就和酒结下了不解之缘。中国古代的文人墨客，不论是富贵贫贱，亦或是欢喜哀愁，都离不开酒。在李白的诗里我们看到了"举杯邀明月，对影成三人"的自得；看到了"人生得意须尽欢，莫使金樽空对月"的洒脱。宋代苏东坡也有"明月几时有，把酒问青天"的佳句。在文人在作品中，有"葡萄美酒夜光杯"的景色，"斗酒诗百篇"的激情，"借酒消愁愁更愁"的比喻，"对酒当歌，人生几何？"的潇洒，"酒逢知己千杯少"的喜悦，"酒不醉人人自醉"的意境，"醉翁之意不在酒"的妙喻，"今朝有酒今朝醉"的无奈，"牧童遥指杏花村"的悲伤，"红酥手，黄滕酒"的苦痛，"一醉方休"的痛快……几千年来，酒都成为中国文学的永恒主题。酒与酒具相关，历代酒具中，瓷器又是重要的部分。酒具为文人所用，其喜好会渗入到酒具之中。如黑石号上的唐代绿彩吸杯（图290）、明清时代流行的"公道杯"都是饮酒的佳器，宋代景德镇窑青白瓷温壶则是用来温酒的器具。

因为茶的品格与中国文人的气质极为相似，自古以来，文人士大夫便不断介入茶事，把文人的精神追求和文化性格带入到饮茶活动之中，在催生了中国茶道的同时，也形成了相对独立的文人茶道。唐代陆羽的《茶经》所设计的茶艺操作程序，就是为当时文人士大夫所喜爱，这种艺术性较强的饮茶方式，汲取了古代儒、释、道诸家思想的精华，并融会贯通于饮茶的全过程当中，体现在茶艺的每一个具体操作步骤当

图 290 唐 白釉绿彩吸杯 "黑石号"沉船文物 新加坡亚洲文明博物馆藏

中,因而书中蕴涵着极为丰富而深刻的文人茶道精神。茶道需要好茶、好的烹茶方法,也要有好的茶具。

唐代皮日休的"圆似月魂堕,轻如云魄起"诗句描绘邢瓷与越瓷茶具的做工之美,从中可以看出诗人消散品雅的心态。宋代流行"斗茶",当时的文人士大夫十分热衷于此道,于是就有了建窑结晶釉茶盏的风行。唐代黑石号沉船中的白瓷托杯、越窑青瓷茶碗以及宋代青白瓷托盏都可以用作茶具,这在宋代的绘画作品中也有体现。

香,不仅芳香养鼻,还可颐养身心、祛秽疗疾、养神养生。早在先秦时期,香料就被广泛应用于生活。从士大夫到普通百姓,都有随身佩戴香囊和插戴香草的习惯。在香道发展鼎盛时期的宋代,用香成为文人士大夫追求美好生活不可或缺的一部分。生活中随处可见香的身影。香道的含义远远超越了香制品本身,而是通过香这个载体达到修养身心,培养高尚情操,追求人性美的文化境界。宋代瓷器中流行的香炉应该不是用作供奉的器具,而是香道中用于焚香(图291)、闻香的用具,在官窑、哥窑、龙泉窑均有。另外,在浙江黄岩灵石诗塔出土的北宋咸平元年的青釉香熏(图292)、明代成化的素三彩鸭熏等均是用于闻香的瓷器。

图 291 南宋 哥窑鱼耳炉 故宫博物院藏

图 292 北宋 咸平元年（998）铭青釉香熏 浙江省黄岩市博物馆藏

围棋起源于战国，原为道家阴阳占卜之用。唐以后受到文人雅士的推崇，成为他们飘逸洒脱、快乐自由生活的追求。唐诗有"青山不厌千杯酒，白日唯消一局棋"句。唐宋以后，下棋不仅是文人雅士必备的生活交往功夫，而且还引领了生活时尚，奕棋与绘画、作诗一样被看作是风雅之事。在陕西铜川耀州窑遗址，发现了青瓷围棋罐与围棋子，可以印证围棋在当时的流行。

第九章

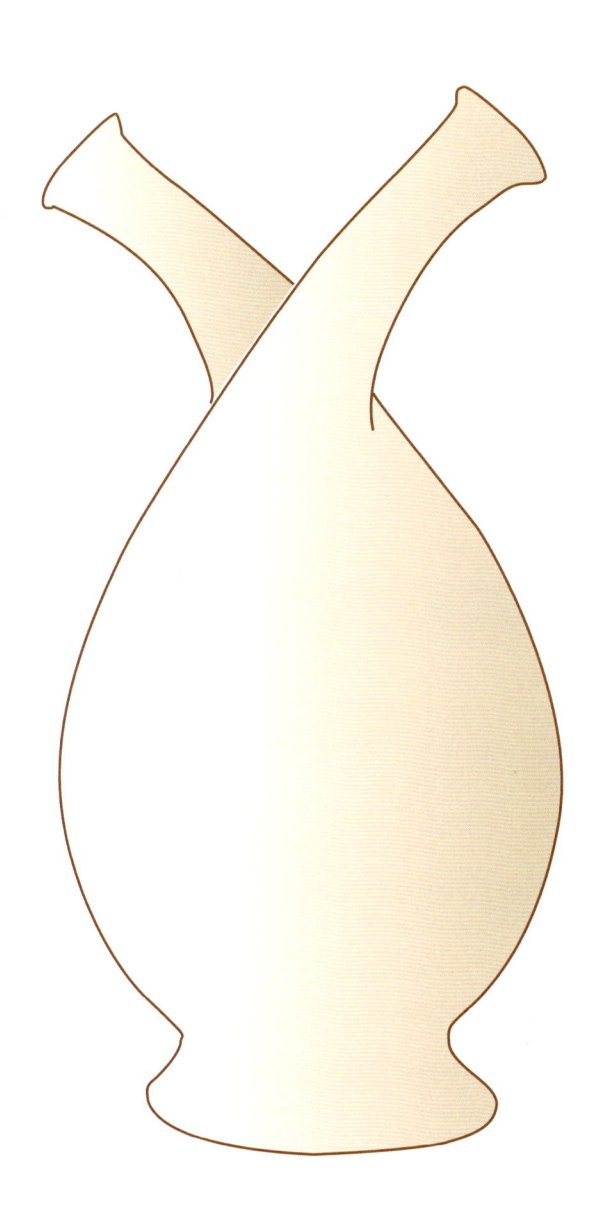

海上陶瓷之路

瓷器
中国

PORCELAIN
THE STORY OF
CHINA

瓷器是中国的发明，它不但是中国人艺术欣赏、日常生活中不可缺少的对象，还大量用于外销，有着庞大的海外市场，在海外广大地区产生了深远的影响。瓷器、丝绸和药材自古以来便是中外交换、赐赠和贸易的三大宗。从唐代开始，一艘艘海船满载各色中国瓷器销往世界各地。元代的青花瓷器是伊斯兰世界十分欢迎的生活用具。明代以后还出现根据外国生活习俗和审美情趣专门定制的瓷器。这些瓷器现在分布在埃及、伊拉克、日本、朝鲜、伊朗、土耳其、印度、葡萄牙、荷兰、英国、瑞典等亚、欧、非各国。它们对于我们了解各时期瓷器的生产面貌和当时国外人的文化生活有着很大的帮助。

唐代是我国历史上非常繁盛的一个朝代，国力强大，文化发达，国内外使节、僧侣、商人往来密切，中外交流频繁。此时也是瓷业大发展的时期，唐代制瓷业"南青北白"格局的形成决定了南方越窑青瓷和北方白瓷在对外贸易中的主导地位。长沙窑的异军突起，特有的釉下彩瓷以外销为主，在装饰上根据输入地区的需要进行设计，在中、西亚市场占有一定份额。五代，吴越钱氏大力发展海外贸易，越窑瓷器外销的范围和规模达到前所未有的高度，即便是远在东非的民众也可获得。这个时期，陶瓷贸易商人遍布全球，波斯、阿拉伯商人穿梭于太平洋、印度洋之间，谋取暴利的同时也使各国之间互通有无，促进了全球各地物质、经济、文化各层面的交流。中国陶瓷毫无疑问成为世界热销商品。在东非的埃及福斯塔特遗址、苏丹阿伊扎布遗址，西亚的伊拉克萨玛拉遗址、伊朗尼沙布尔遗址、希拉夫遗址，东亚的日本九州博多遗址、筑野遗址、奈良平城京遗址，南亚印度河流域的班布尔遗址、阿里卡美遗址，东南亚的菲律宾卡拉塔冈遗址、马来西亚沙捞越尼雅遗址等地都发现了唐代瓷器标本。最典型的是1998年在印度尼西亚苏门答腊岛和婆罗州之间的勿里洞岛（Belitang Island）丹戎潘丹（Tanjung Pandan）港北部海域的海底发现了"黑石号"沉船，从"黑石号"沉船中打捞出来的文物超过60000件，其中瓷器占绝大部分。长沙窑瓷器为最大宗，有55000余件，大部分是碗，各类壶约700件，当时长沙窑以外销为主；越窑青瓷约250件，其中一件青釉四系大碗十分罕见（图293）；白瓷约300件；绿彩瓷器约200件，是唐代极为少见的瓷器品种（图294）；以及

242　瓷器中国

图 293 唐 越窑四系大碗
"黑石号"沉船出水
新加坡亚洲文明博物馆藏

图 294 唐 白釉绿彩狮柄执壶
"黑石号"沉船出水
新加坡亚洲文明博物馆藏

图 295 唐 白釉绿彩盘 伊拉克萨玛拉遗址出土
柏林佩加蒙博物馆藏

其他瓷器约500件。特别是在沉船中还发现了3件唐代的青花瓷器，引起世人瞩目。黑石号的目的港，从目前的考古证据看，应该是西亚、中东地区。"黑石号"上装载的长沙窑、越窑以及白瓷、白釉绿彩瓷器，在埃及的福斯塔特遗址、苏丹的阿伊扎布遗址，伊拉克的萨玛拉遗址、伊朗的尼沙布尔遗址和希拉夫遗址等地被发现（图295）。

宋代我国制瓷业发展到了一个高峰期，不仅国内的瓷器贸易兴旺发达，外销的市场更加扩大，延伸到东亚、南亚、西亚和非洲东海岸。宋代，对外贸易成为国家的主要收入来源之一，海路已经取代陆路成为贸易的主要渠道，朝廷强调"东南利国之大，舶商亦居其一"，对市舶贸易寄予厚望，务求"岁获厚利，兼使外蕃辐辏中国"。继唐代在广州设立市舶司后，宋朝政府先后在广州、杭州、明州（今浙江宁波）、秀州（今浙江嘉兴）、温州、阴州（今江苏江阴）、澉浦（今浙江海盐）、泉州、密州（今山东诸城）等九处设立市舶司，以管理来华的外商和对外贸易。其中以东南沿海的广州、明州、泉州、杭州四个城市的市舶司规模最大，持续时间最长。此时造船业十分发达，海船的载重量大大提高。宋代所造海船"大如广厦"，"上平如衡，下则如刃"，可破浪而行，为海外贸易提供了坚实的保障。在航海技术上，罗盘针的发明和应用，各种设备和技术的进步，保证了船只海上航行的安全和效率，减少了航运的风险。北宋徐竞的《宣和奉使高丽图经》卷三十二器皿条陶炉时，提到"越州古秘色""汝州新窑器"，可见当时有一部分中国瓷器已经成为高丽人的收藏或生活日用器。南宋赵汝适的《诸蕃志》中提到当时有十五个国家和地区用瓷器进行贸易，计有占城、真腊、三佛齐、单马令、凌牙斯、佛啰安、蓝无里、阇婆、南毗、故临、层拔、渤泥、西龙宫、麻逸及三屿等处，地理范围大致是现在亚洲的越南、柬埔寨、马来西亚、印度尼西亚、菲律宾、印度和非洲的坦桑尼亚等地。在印尼的爪哇、苏门答腊，菲律宾的巴拉望，日本的鹿儿岛、五岛列岛以及中国南海西沙群岛、福建平潭、莆田、连江等地海域都发现了宋代运输中国外销瓷器的沉船。当时瓷器贸易品种有青瓷、白瓷及青白瓷，产地包括浙江的越窑和龙泉窑、江西景德镇窑以及广东、福建诸窑口。

元代是个多民族大帝国，国家的强盛、版图的扩大增进了各地文化的交流和融合。制瓷业取得突破性进展，景德镇窑青花、釉里红、卵白釉等品种的创烧成功，使瓷器生产达到一个新的高度。瓷器外销领域比宋代更为扩大，区域遍及东亚、东南亚、南亚、西亚、中东和东非等地。元朝灭宋之际，已开始着手接管对外贸易事务，于至元十四年（1277）"立市舶司一于泉州，令忙古䚟领之；立市舶司三于庆元、上海、澉浦，令福建安抚使杨发督之"。1279年统一中国之后，素有重商传统的元朝统治者依托空前辽阔的疆域，使海外贸易继续保持鼎盛发展的势头。汪大渊的《岛夷志略》中就提到我国瓷器出口到日本、菲律宾、印度、越南、马来西亚等五十多个国家、地区。元代外销瓷最为显著的特征是青花瓷的外销，日本的冲绳、福井和印度德里等地出土了破碎的元青花瓷器；东南亚菲律宾等地也有青花碗碟等小件器物出土，质地较为粗糙。西亚、中东等地的元青花一般都是非常精美的大件器，如伊朗阿德比尔神庙和土耳其托普卡比宫都珍藏有大量的元青花，都是国内难得一见的珍品。东非埃及的福斯塔特遗址、肯尼亚、索马里等沿海港口和岛屿也出土大量中国瓷器碎片。除了青花之外，还有龙泉窑、景德镇窑、磁州窑等其他风格的产品。如20世纪70年代在朝鲜半岛新安海底沉船中就打捞出两万余件中国瓷器，其中龙泉窑青瓷超过12000件（图296），景德镇窑青白瓷有约5000件（图297）。

元代成熟青花在景德镇出现以后，销往西亚和中东地区，这些青花多为大盘和大瓶，采用进口青料，色泽艳丽，层次丰富。存世于伊朗、土耳其等地的元青花成为鉴别断代的标准器。元青花在西亚、中东的盛行与当地的生活习俗和审美趣味有很大的关系，其造型和纹饰借鉴了当地的风格。在一些15世纪伊朗的细密画上可以看到当地人们用青花器皿盛放食物和饮料的形象（图298）。

明清时期瓷器制造业继续发展，特别是景德镇御窑厂设立后，不惜成本生产宫廷用瓷，在质量上精益求精，不断取得新的突破，新品种层出不穷。元代出现的青花、釉里红在明代早期进一步发展，烧制技术上逐渐成熟，呈色更稳定。官窑的兴盛带动了民窑的发展，明代中晚期民窑青花的生产兴旺发达，在满足国内需求的基础上，大量输往世

图 296 元 龙泉窑青釉五管瓶
新安沉船出水 韩国国立光州博物馆藏

图 297 元 景德镇窑青白瓷贴花梅枝纹双耳瓶
新安沉船出水 韩国国立光州博物馆藏

图 298 15 世纪
伊朗细密画中宫廷宴席使用中国青花瓷的场景

界各地，外销瓷市场进一步繁荣。明代瓷器外销主要有四种途径，一是明朝政府对于外国首脑、使节的馈赠；二是各国使节入贡，回国时带回去的贸易品；三是郑和下西洋时进行的贸易；四是民间海外贸易。明初洪武年间一度实行海禁，海外贸易受到一定的打击，但是瓷器输出通过朝贡贸易从来没有停止过。永乐、宣德年间郑和七次下西洋，为远洋贸易提供了新一轮的契机。永乐、宣德时期一些产品如青花波斯式执壶、盘座、烛台等的造型来源于西亚地区的金属器（图299、图300、图301）；正德年间，开始出现适应西方市场需要的瓷器，接受预订生产有皇家、贵族家族纹章的专用瓷器（图302）。嘉靖、万历时期按照欧洲的需要生产专门的餐具，大量销往欧洲。与此同时，输往亚、非等地瓷器也与日俱增。《明史》《大明会典》《瀛涯胜览》等文献中有很多相关的记载。从现在已发现的材料看，明代中国瓷器特别是青花瓷器几乎遍及亚非欧各洲，伊朗、土耳其等地大型博物馆中都藏有中国明代瓷器。东非埃及福斯塔特遗址、索马里和埃塞俄比亚交接的古城废墟中都发现过13至16世纪的中国外销瓷。

17世纪正是明清两代朝代更迭时期，政局动荡，景德镇御窑厂基本停止生产，大批优秀工匠进入民间窑场，使民窑瓷器的质量和产量突飞猛进，大量瓷器输往欧洲、亚洲广大市场，遂形成一个中国瓷器贸易的高潮。每年运往欧洲的瓷器高达数百万件。许多国家在广州设置了贸易机构，派船舶进入广州，直接运送瓷器到欧洲。中国瓷器在欧洲已经成为日用品，在上层贵族之间，优质的中国瓷器成为炫耀财富的主要手段。中国瓷器的装饰艺术在这一时期也风靡欧洲上层社会，当时欧洲大多数国家都非常喜欢用中国瓷器作装饰。与此同时，中国生产的瓷器无论在造型还是纹饰上迎合输出地的需要，如欧洲盛行的油醋瓶（图303）、水果篮（图304）等新的器型，郁金香花以及西洋帆船（图305）等形象均出现在外销的瓷器上。

瓷器的外销也促进了国内外陶瓷技术的相互交流。中国瓷器精湛的制造技术随之传到的世界各地，特别是欧洲，对当地的瓷器生产产生巨大的影响。同时中国也从国外获得物质技术和艺术风格上的借鉴，造型、釉色装饰上更加丰富多彩。

图 299 明永乐 景德镇窑青花波斯式执壶 上海博物馆藏 /15 世纪西亚铜执壶

图 300 明宣德 景德镇窑青花盘座 上海博物馆藏 /14 世纪西亚铜盘座

图 301 明永乐 景德镇窑青花烛台 上海博物馆藏 /14 世纪西亚铜烛台

图 302 明正德 景德镇窑为葡萄牙王室定烧的青花纹章执壶

图 303 清康熙 景德镇窑青花油醋瓶
倪汉克捐赠 上海博物馆藏

图 304 清康熙 景德镇窑青花镂空果篮
倪汉克捐赠 上海博物馆藏

在唐代频繁的对外交往中，中国将西亚蓝彩陶器（图306）中以氧化钴着色的技术引入国内，并引进原料，在运用钴料制作唐三彩陶器的同时，创烧了最早的白地蓝彩瓷器——青花。典型元代青花及明代永乐、宣德时期的青花瓷也主要是用进口的苏麻离青来发色的，正德、嘉靖时期的青花所用的回青料也是从域外进口。造型上，明代的盘座、八角烛台等也是借鉴了西亚、中东等地的艺术风格。清代珐琅彩瓷器工艺是从欧洲引入的铜胎画珐琅工艺借鉴的，一些低温釉如胭脂红、锑黄等呈色剂也来自西方。

图305 清康熙 景德镇窑青花西洋帆船图盘
倪汉克捐赠 上海博物馆藏

图306 9世纪 伊朗蓝彩盘西亚蓝彩陶盘
美国弗利尔美术馆藏

图 308 15 世纪 朝鲜青花岁寒三友图罐
大阪市立东洋陶瓷美术馆藏

图 307 12—13 世纪（高丽时代）
青釉刻花水禽纹净瓶
大阪市立东洋陶瓷美术馆藏

  青瓷烧制技术从12至13世纪起就传入朝鲜半岛（图307）。明代开始青花瓷技术向外传播，朝鲜于15世纪烧成了青花瓷器（图308），越南也在这一时期请我国的制瓷工匠前往烧制青花瓷器（图309、图310），其图案明显借鉴于中国元代青花瓷器（图311）。明代晚期，日本开始制作青花瓷器（图312），这主要是受到明末天启年间日本向中国定烧的青花瓷器，即所谓"祥瑞"瓷的启发。16世纪初中国制瓷工匠进入波斯，开始烧造瓷器，并影响到周边地区。16—17世纪波斯生产的青花（图313）明显受到中国青花瓷器的影响（图314）。14、15世纪埃及也用本国的原料仿制中国青花瓷。阿拉伯人学会中国造瓷技术后，将其传播到意大利、荷兰等地，对当地蓝彩软质瓷器（精陶）的出现起了很大的作用，其中有的产品受到中国瓷器装饰的影响（图315、图316），也有表现欧洲风景的产品（图317）。

图 309 15—16 世纪
越南青花莲池芦雁图盘
大阪市立东洋陶瓷美术馆藏

图 310 15—16 世纪 越南青花双鱼纹大盘
福冈市美术馆藏

图 311 元 景德镇窑青花双鱼纹大盘
湖南省博物馆藏

图 312 17 世纪
日本青花伊万里山水楼阁图水坛
大阪市立东洋陶瓷美术馆藏

图 313 17—18 世纪 伊朗青花人物大盘
日本中近东文化中心藏

图 314 清康熙 景德镇窑青花仕女图大盘
倪汉克捐赠 上海博物馆藏

图 315 17 世纪后期
荷兰代尔夫特青花麒麟纹壶
日本出光美术馆藏

图 316 清顺治
景德镇窑青花麒麟图罐
上海博物馆藏

图 317 18 世纪 荷兰代尔夫特釉陶青花风景图盘
瑞士日内瓦 Ariana 博物馆藏

尾声

　　源于生活而高于生活,这是大多数艺术品所具有的一项重要特质。陶与瓷伴随着人类从古代走到了现在。陶是世界性的,而瓷则是中国人的发明。瓷器和瓷器的烧造实践,深刻地影响了中国人的社会生活,也广泛地影响了整个世界。它的技术蕴涵和人文风采,提示了人类文明程度的历史高度,也在传播中激励人类文明水平的提高。中国瓷器的发明和发展,不仅方便了人们的生活,它的温润、洁净、雅致更给了我们美的享受。精美的中国瓷器沿着唐代发端的"陶瓷之路"源源外输,让世界人民分享了文明中国的创造,也促进了国家和民族间的友好往来与经济、文化交流。我们今天带着崇敬的目光去认识辉煌的历史,认识先民的伟大创造,了解我国工艺技术的卓绝成就,相信在收获知识的同时,更能赢得一份自豪。

图书在版编目（CIP）数据

瓷器中国 / 陈克伦著 . -- 上海：上海书画出版社，
2021.7
ISBN 978-7-5479-2661-1

Ⅰ.①瓷… Ⅱ.①陈… Ⅲ.①瓷器（考古）-鉴定-中国②瓷器（考古）-研究-中国 Ⅳ.① K876.34

中国版本图书馆 CIP 数据核字（2021）第 130072 号

瓷器中国

陈克伦　著

责任编辑	王　剑　邱宁斌
审　　读	田松青　雍　琦
装帧设计	陈绿竞
技术编辑	顾　杰

出版发行	上海世纪出版集团 上海书画出版社
地址	上海市闵行区号景路159弄A座4楼
邮编	201101
网址	www.shshuhua.com
E-mail	shuhua@shshuhua.com
制版	上海文高文化发展有限公司
印刷	上海雅昌艺术印刷有限公司
经销	各地新华书店
开本	787×1092　1/16
印张	16.75
版次	2021年8月第1版　2025年1月第6次印刷
书号	ISBN 978-7-5479-2661-1
定价	118.00元

若有印刷、装订质量问题，请与承印厂联系